Todos los libros de Linkgua Ediciones cuentan con modelos de Inteligencia Artificial entrenados por hispanistas. Pregúntale al chat de tu libro lo que desees acerca de la obra o su autor/a.

Para **ebooks**: Accede a nuestro modelo de IA a través de este enlace.

Para **libros impresos**: Escanea el código QR de la portada con tu dispositivo móvil.

Obtén análisis detallados de nuestros libros, resúmenes, respuestas a tus preguntas y accede a nuestras ediciones críticas generativas para una experiencia de lectura más enriquecedora.
La transparencia y el respeto hacia la autoría de las fuentes utilizadas son distintivos básicos de nuestro proyecto. Por ello, las respuestas ofrecen, mediante un sistema de citas, las fuentes con las que han sido elaboradas.

Autores varios

Constituciones fundacionales de las Provincias Unidas del Centro de América

Barcelona 2024
Linkgua-ediciones.com

Créditos

Título original: Constituciones fundacionales de las Provincias Unidas del Centro de América.

© 2024, Red ediciones S.L.

e-mail: info@linkgua.com

Diseño de cubierta: Michel Mallard.

ISBN rústica ilustrada: 978-84-9953-510-4.
ISBN tapa dura: 978-84-1126-106-7.
ISBN ebook: 978-84-9897-166-8.

Sumario

Reformas a la Constitución Federal
de Centroamérica de 1835

Constitución de las Provincias Unidas del Centro de América de 1824

22 de noviembre de 1824

En el nombre del Ser Supremo, Autor de las sociedades y Legislador del Universo.

CONGREGADOS en Asamblea Nacional Constituyente, nosotros los representantes del pueblo de Centroamérica, cumpliendo con sus deseos y en uso de sus soberanos derechos, decretamos la siguiente Constitución para promover su felicidad, sostenerle en el mayor goce posible de sus facultades, afianzar los derechos del hombre y del ciudadano sobre los principios inalterables de libertad, igualdad, seguridad y propiedad; establecer el orden público y formar una perfecta federación.

Título I. De la Nación y su territorio

Sección primera. De la Nación

Artículo 1. El pueblo de la República federal de Centroamérica es soberano e independiente.

Artículo 2. Es esencial al soberano y su primer objeto la conservación de la libertad, igualdad, seguridad y propiedad.

Artículo 3. Forman el pueblo de la República todos sus habitantes.

Artículo 4. Están obligados a obedecer y respetar la ley, a servir y defender la patria con las armas y a contribuir proporcionalmente para los gastos públicos sin exención ni privilegio alguno.

Sección segunda. Del territorio

Artículo 5. El territorio de la República es el mismo que antes comprendía el antiguo reino de Guatemala, a excepción, por ahora, de la provincia de Chiapas.

Artículo 6. La Federación se compone de cinco estados, que son: Costa Rica, Nicaragua, Honduras, El Salvador y Guatemala. La provincia de Chiapas se tendrá por estado en la Federación cuando libremente se una.

Artículo 7. La demarcación de territorio de los estados se hará por una ley constitucional con presencia de los datos necesarios.

Título II. Del Gobierno, de la Religión y de los ciudadanos

Sección primera. Del Gobierno y de la Religión

Artículo 8. El gobierno de la República es popular, representativo, federal.

Artículo 9. La República se denomina: Federación de Centroamérica.

Artículo 10. Cada uno de los estados que la componen es libre e independiente en su gobierno y administración interior, y les corresponde todo el poder que por la Constitución no estuviere conferido a las autoridades federales.

Artículo 11. Su religión es la Católica, Apostólica, Romana, con exclusión del ejercicio público de cualquier otra.

Artículo 12. La República es un asilo sagrado para todo extranjero, y la patria de todo el que quiera residir en su territorio.

Sección segunda. De los ciudadanos

Artículo 13. Todo hombre es libre en la República. No puede ser esclavo el que se acoja a sus leyes, ni ciudadano el que trafique en esclavos.

Artículo 14. Son ciudadanos todos los habitantes de la República naturales del país, o naturalizados en él, que fueren casados o mayores de dieciocho años, siempre que ejerzan alguna profesión útil, o tengan medios conocidos de subsistencia.

Artículo 15. El Congreso concederá cartas de naturaleza a los extranjeros que manifiesten a la autoridad local designio de radicarse en la República:
1. Por servicios relevantes hechos a la nación y designados por ley.

2. Por cualquier invención útil, y por ejercicio de alguna ciencia, arte u oficio no establecidos aún en el país, o mejora notable de una industria conocida.

3. Por vecindad de cinco años.

4. Por la de tres, a los que vinieren a radicarse con sus familias; a los que contrajeren matrimonio en la República, y a los que adquirieren bienes raíces del valor y clase que determine la ley.

Artículo 16. También son naturales los nacidos en país extranjero de ciudadanos de Centroamérica, siempre que sus padres estén al servicio de la República, o cuando su ausencia no pasare de cinco años y fuere con noticia del gobierno.

Artículo 17. Son naturalizados los españoles y cualesquiera extranjeros que, hallándose radicados en algún punto del territorio de la República, al proclamar su independencia la hubieren jurado.

Artículo 18. Todo el que fuera nacido en las repúblicas de América y viniere a radicarse a la Federación, se tendrá por naturalizado en ella desde el momento en que manifieste su designio, ante la autoridad local.

Artículo 19. Los ciudadanos de un estado tienen expedito el ejercicio de la ciudadanía en cualquiera otro de la Federación.

Artículo 20. Pierden la calidad de ciudadanos:

1. Los que admitieren empleo o aceptaren pensiones, distintivos o títulos hereditarios de otro gobierno, o personales, sin licencia del Congreso.

2. Los sentenciados por delitos que según la ley merezcan pena más que correccional, si no obtuvieren rehabilitación.

Artículo 21. Se suspenden los derechos de ciudadano:

1. Por proceso criminal en que se haya proveído auto de prisión por delito que según la ley merezca pena más que correccional.

2. Por ser deudor fraudulento declarado, o deudor a las rentas públicas y judicialmente requerido de pago.

3. Por conducta notoriamente viciada.

4. Por incapacidad física o moral, judicialmente calificada.

5. Por el estado de sirviente doméstico cerca de la persona.

Artículo 22. Solo los ciudadanos en ejercicio pueden obtener servicios en la República.

Título III. De la elección de las supremas autoridades federales

Sección primera. De las elecciones en general

Artículo 23. Las Asambleas de los Estados dividirán su población con la posible exactitud y comodidad en Juntas populares, en distritos y en departamentos.

Artículo 24. Las Juntas Populares se componen de ciudadanos en el ejercicio de sus derechos; las Juntas de Distrito, de los electores nombrados por las Juntas Populares, y las Juntas de Departamento, de los electores nombrados por las Juntas de Distrito.

Artículo 25. Toda Junta será organizada por un directorio compuesto de un presidente, dos secretarios y dos escrutadores elegidos por ella misma.

Artículo 26. Las acusaciones sobre fuerza, cohecho o soborno en los sufragantes hechas en el acto de la elección, serán determinadas por el directorio con cuatro hombres buenos nombrados entre los ciudadanos presentes por el acusador y el acusado, para el solo efecto de desechar por aquella vez los votos tachados o el del calumniador en su caso. En lo demás, estos juicios serán seguidos y terminados en los tribunales comunes.

Artículo 27. Los recursos sobre nulidad en elecciones de las Juntas Populares serán definitivamente resueltos en las Juntas de Distrito; y los que se entablen contra éstas en las de departamentos. Los cuerpos legislativos que verifican las elecciones, deciden de las calidades de los últimos electos cuando sean tachados, y de los reclamos sobre nulidad en los actos de las Juntas de Departamento.

Artículo 28. Los electores de distrito y de departamento no son responsables por su ejercicio electoral. Las leyes acordarán las garantías necesarias para que libre y puntualmente, verifiquen su encargo.

Artículo 29. En las épocas de elección constitucional, se celebrarán el último domingo de octubre las Juntas Populares; el segundo domingo de noviembre las de Distrito; y el primer domingo de diciembre las de Departamento.

Artículo 30. Ningún ciudadano podrá excusarse del cargo de elector por motivo ni pretexto alguno.

Artículo 31. Nadie puede presentarse con armas a los actos de elección, ni votarse a sí mismo.

Artículo 32. Las Juntas no podrán deliberar si no sobre objetos designados por la ley. Es nulo todo acto que esté fuera de su legal intervención.

Sección segunda. De las Juntas Populares

Artículo 33. La base menor de una Junta Popular será de doscientos cincuenta habitantes, la mayor de dos mil y quinientos.

Artículo 34. Se formarán registros de los ciudadanos que resulten de la base de cada Junta, y los inscritos en ellos únicamente tendrán voto activo y pasivo.

Artículo 35. Las Juntas nombrarán un elector primario por cada doscientos cincuenta habitantes. La que tuviere un residuo de ciento veintiséis nombrará un elector más.

Sección tercera. De las Juntas de Distrito

Artículo 36. Los electores primarios se reunirán en las cabeceras de los distritos que las Asambleas designen.

Artículo 37. Reunidos por lo menos las dos terceras partes de los electos primarios, se forma la Junta y nombra por mayoría absoluta un elector de distrito por cada diez electores primarios de los que le corresponden.

Sección cuarta. De las Juntas de Departamento

Artículo 38. Un departamento constará fijamente de doce electores de distrito por cada representante que haya de nombrar.

Artículo 39. Los electores de distritos se reunirán en las cabeceras de departamento que las Asambleas designen.

Artículo 40. Reunidas por lo menos las dos terceras partes de los electores de distrito, se forma la Junta de Departamento y elige por mayoría absoluta los representantes y suplentes que le corresponden para el Congreso.

Artículo 41. Nombrados los representantes y suplentes, se despachará a cada uno por credencial copia autorizada del acta en que conste su nombramiento.

Artículo 42. En la renovación del presidente y vicepresidente de la República, individuos de la Suprema Corte de Justicia y senadores del Estado, los electores sufragarán para estos funcionarios en actos diversos, y cada voto será registrado con separación.

Artículo 43. Las Juntas de Departamento formarán de cada acto de elección listas de los electores con expresión de sus votos.

Artículo 44. Las listas relativas a la elección del presidente y vicepresidente de la República e individuos de la Suprema Corte de Justicia, deberán firmarse por los electores y remitirse cerradas y selladas al Congreso. También se dirigirá en la propia forma una copia de ellas, con la de votación para senadores, a la Asamblea del Estado respectivo,

Sección quinta. De la regulación de votos y modo de verificar la elección de las supremas autoridades federales

Artículo 45. Reunidas las listas de las Juntas Departamentales de cada Estado, su Asamblea hará un escrutinio de ellas, y en la forma prescrita en el **Artículo** anterior lo remitirá con las mismas listas al Congreso, reservándose las que contienen la elección de Senadores.

Artículo 46. Reunidos los pliegos que contienen las listas de todas las Juntas de departamento y su escrutinio formado por las Asambleas, el Congreso los abrirá y regulará la votación por el número de electores de distrito, y no por el de las Juntas de Departamento.

Artículo 47. Siempre que resulte mayoría absoluta de sufragios la elección está hecha. Si no la hubiere, y algunos ciudadanos reunieren cuarenta o más votos, el Congreso por mayoría absoluta elegirá solo entre ellos. Si esto no se verificare, nombrará entre los que tuvieren de quince votos arriba; y no resultando los suficientes para ninguno de estos casos, elegirá entre los que obtengan cualquier número.

Artículo 48. Las Asambleas de los Estados sobre las mismas reglas y en proporción semejante, verificarán la elección de senadores, si no resultare hecha por los votos de los electores de distrito.

Artículo 49. En un mismo sujeto la elección de propietario con cualquier número de votos prefiere a la de suplente.

Artículo 50. En caso que un mismo ciudadano obtenga dos o más elecciones, preferirá la que se haya efectuado con mayor número de votos populares; y siendo éstos iguales se determinará por la voluntad del electo.

Artículo 51. Los ciudadanos que hayan servido por el término constitucional cualquier destino electivo de la Federación, no serán obligados a admitir otro diverso sin que haya transcurrido el intervalo de un año.

Artículo 52. Las elecciones de las supremas autoridades federales se publicarán por un decreto del cuerpo legislativo que las haya verificado.

Artículo 53. Todos los actos de elección desde las Juntas Populares hasta los escrutinios del Congreso y de las Asambleas, deben ser públicos para ser válidos.

Artículo 54. La ley reglamentará estas elecciones sobre las bases establecidas.

Título IV. Del Poder Legislativo y sus atribuciones

Sección primera. De la organización del Poder Legislativo

Artículo 55. El Poder Legislativo de la Federación reside en un Congreso compuesto de representantes popularmente elegidos en razón de uno por cada treinta mil habitantes.

Artículo 56. Por cada tres representantes se elegirá un suplente. Pero si a alguna Junta no le correspondiere elegir más que uno o dos propietarios, nombrará, sin embargo, un suplente.

Artículo 57. Los suplentes concurrirán por falta de los propietarios en caso de muerte o imposibilidad, a juicio del Congreso.

Artículo 58. El Congreso se renovará por mitad cada año, y los mismos representantes podrán ser reelegidos una vez sin intervalo alguno.

Artículo 59. La primera Legislatura decidirá, por suerte, los representantes que deben renovarse en el año siguiente; en adelante la renovación se verificará saliendo los de nombramiento más antiguo.

Artículo 60. La primera vez calificará las elecciones y credenciales de los representantes, una Junta preparatoria compuesta de ellos mismos; en lo sucesivo, mientras no se hubieren abierto las sesiones, toca esta calificación a los representantes que continúan, en unión de las nuevamente electos.

Artículo 61. Para ser representante se necesita tener la edad de veintitrés años, haber sido cinco ciudadano, bien sea de estado seglar o del eclesiástico secular, y hallarse en actual ejercicio de sus derechos. En los naturalizados, se requiere además un año de residencia no interrumpida e inmediata a la elección, sino es que hayan estado ausentes en servicio de la República.

Artículo 62. Los empleados del Gobierno de la Federación o de los Estados no podrán ser representantes en el Congreso ni en las Asambleas por el territorio en que ejercen su cargo; ni los representantes serán empleados por estos Gobiernos durante sus funciones, ni obtendrán ascenso que no sea de rigurosa escala.

Artículo 63. En ningún tiempo ni con motivo alguno los representantes pueden ser responsables por proposición, discurso o debate en el Congreso o fuera de él sobre asuntos relativos a su encargo. Y durante las sesiones y un mes después no podrán ser demandados civilmente ni ejecutados por deudas.

Artículo 64. El Congreso resolverá en cada legislatura el lugar de su residencia; pero tanto el Congreso como las demás autoridades federales no ejercerán otras facultades sobre la población donde residan, que las concernientes a mantener el orden y tranquilidad pública para asegurarse en el libre y decoroso ejercicio de sus funciones.

Artículo 65. Cuando las circunstancias de la Nación lo permitan se construirá una ciudad para residencia de las Autoridades Federales, las que ejercerán en ella una jurisdicción exclusiva.

Artículo 66. El Congreso se reunirá todos los años el día primero de marzo y sus sesiones durarán tres meses.

Artículo 67. La primera legislatura podrá prorrogarse el tiempo que juzgue necesario; las siguientes no podrán hacerlo por más de un mes.

Artículo 68. Para toda resolución se necesita la concurrencia de la mayoría absoluta de los representantes, y el acuerdo de la mitad y uno más de los que se hallaren presentes; pero un número menor puede obligar a concurrir a los ausentes del modo y bajo las penas que se designen en el reglamento interior del Congreso.

Sección segunda. De las atribuciones del Congreso

Artículo 69. Corresponde al Congreso:
1. Hacer las leyes que mantienen la Federación, y aquellas en cuya uniformidad tiene un interés directo y conocido cada uno de los Estados.
2. Levantar y sostener el Ejército y Armada Nacional.
3. Formar la ordenanza general de una y otra fuerza.
4. Autorizar al Poder Ejecutivo para emplear la milicia de los Estados, cuando lo exija la ejecución de la ley, o sea necesario contener insurrecciones o repeler invasiones.

5. Conceder al Poder Ejecutivo facultades extraordinarias expresamente detalladas y por un tiempo limitado, en caso de guerra contra la independencia nacional.

6. Fijar los gastos de la administración general.

7. Decretar y designar rentas generales para cubrirlos; y no siendo bastantes, señalar el cupo correspondiente a cada Estado según su población y riqueza.

8. Arreglar la administración de las rentas generales; velar sobre su inversión, y tomar cuentas de ella al Poder Ejecutivo.

9. Decretar en caso extraordinario pedidos, préstamos o impuestos extraordinarios.

10. Calificar y reconocer la deuda nacional.

11. Destinar los fondos necesarios para su amortización y réditos.

12. Contraer deudas sobre el erario nacional.

13. Suministrar empréstitos a otras naciones.

14. Dirigir la educación, estableciendo los principios generales más conformes al sistema popular y al progreso de las artes útiles y de las ciencias; y asegurar a los inventores por el tiempo que se considere justo el derecho exclusivo en sus descubrimientos.

15. Arreglar y proteger el derecho de petición.

16. Declarar la guerra, y hacer la paz con presencia de los informes y preliminares que le comunique el Poder Ejecutivo.

17. Ratificar los tratados y negociaciones que haya ajustado el Poder Ejecutivo.

18. Conceder o negar la introducción de tropas extranjeras en la República.

19. Arreglar el comercio con las naciones extranjeras y entre los Estados de la Federación; y hacer leyes uniformes sobre las bancarrotas.

20. Habilitar puertos y establecer aduanas marítimas.

21. Determinar el valor, ley, tipo y peso de la moneda nacional, y el precio de la extranjera; fijar uniformemente los pesos y medidas; y decretar penas contra los falsificadores.

22. Abrir los grandes caminos y canales de comunicación; establecer y dirigir postas y correos generales de la República.

23. Formar la ordenanza del corso, dar leyes sobre el modo de juzgar las piraterías, y decretar las penas contra éste y otros atentados cometidos en alta mar y con infracción del derecho de gentes.

24. Conceder amnistías o indultos generales en el caso que designa el **Artículo 118**.

25. Crear tribunales inferiores que conozcan en asuntos propios de la Federación.

26. Calificar las elecciones populares de las autoridades federales a excepción de las del Senado.

27. Admitir por dos terceras partes de votos las renuncias que por causas graves hagan de sus oficios los representantes en el Congreso, el Presidente y Vicepresidente de la República, los Senadores después que hayan tomado posesión y los individuos de la Suprema Corte de Justicia.

28. Señalar los sueldos de los representantes en el Congreso, del Presidente y Vicepresidente, de los Senadores, de los individuos de la Suprema Corte y de los demás agentes de la Federación.

29. Velar especialmente sobre la observación de los **Artículos** contenidos en los Títulos 10 y 11 y anular, sin las formalidades prevenidas en el **Artículo 194**, toda disposición legislativa que los contraríe.

30. Conceder permiso para obtener de otra nación pensiones, distintivos o títulos personales, siendo compatibles con el sistema de Gobierno de la República.

31. Resolver sobre la formación y admisión de nuevos Estados.

Artículo 70. Cuando el Congreso fuere convocado extraordinariamente, solo tratará de aquellos asuntos que hubieren dado motivo a la convocatoria.

Título V. De la formación, sanción y promulgación de la ley

Sección primera. De la formación de la ley

Artículo 71. Todo proyecto de ley debe presentarse por escrito, y solo tienen facultad de presentarlo al Congreso, los Representantes y los Secretarios del Despacho; pero estos últimos no podrán hacer proposiciones sobre ninguna clase de impuestos.

Artículo 72. El proyecto de ley debe leerse por dos veces en días diferentes antes de resolver si se admite o no a discusión.

Artículo 73. Admitido, deberá pasar a una Comisión que lo examinará detenidamente y no podrá presentarlo sino después de tres días. El informe que diese tendrá también dos lecturas en días diversos y señalado el de su discusión con el intervalo a lo menos de otros tres, no podrá diferirse más tiempo sin acuerdo del Congreso.

Artículo 74. La ley sobre formación de nuevos Estados se hará según lo prevenido en el Título 14.

Artículo 75. No admitido a discusión, o desechado un proyecto de ley, no podrá volver a proponerse sino hasta el año siguiente.

Artículo 76. Si se adoptare el proyecto, se extenderá por triplicado en forma de ley; se leerá en el Congreso, y firmado los tres originales por el Presidente y dos Secretarios, se remitirán al Senado.

Sección segunda. De la sanción de la ley

Artículo 77. Todas las resoluciones del Congreso dictadas en uso de las atribuciones que le designa la Constitución, necesitan para ser válidas tener la sanción del Senado, exceptuando únicamente las que fueren:
1. Sobre su régimen interior, lugar y prórroga de sus sesiones.
2. Sobre calificación de elecciones y renuncia de los elegidos.
3. Sobre concesión de cartas de naturaleza.
4. Sobre declaratoria de haber lugar a la formación de causa contra cualquier funcionario.

Artículo 78. El Senado dará la sanción por mayoría absoluta de votos con esta fórmula: «Al Poder Ejecutivo»; y la negará con esta otra: «Vuelva al Congreso».

Artículo 79. Para dar o negar la sanción tomará desde luego informes del Poder Ejecutivo, que deberá darlos en el término de ocho días.

Artículo 80. El Senado dará o negará la sanción entre los diez días inmediatos. Si pasado este término no la hubiere dado o negado, la resolución la obtiene por el mismo hecho.

Artículo 81. El Senado deberá negarla, cuando la resolución sea en cualquier manera contraria a la Constitución, o cuando juzgare que su observancia no es conveniente a la República. En estos dos casos devolverá al Congreso uno de los originales con la fórmula correspondiente, puntualizando por separado las razones en que funde su opinión. El Congreso las examinará y discutirá de nuevo la resolución devuelta. Si fuere ratificada por dos terceras partes de votos, la sanción se tendrá por dada, y en efecto, la dará el Senado. En caso contrario no podrá proponerse de nuevo sino hasta el año siguiente.

Artículo 82. Cuando la resolución fuere sobre contribuciones de cualquier clase que sean, y el Senado rehusare sancionarla, se necesita el acuerdo de las tres cuartas partes del Congreso para su ratificación. Ratificada que sea, se observará en lo demás lo prevenido en el **Artículo** anterior.

Artículo 83. Cuando el Senado rehusare sancionar una resolución del Congreso por ser contraria a los Títulos 10 y 11, se requiere también para ratificarla el acuerdo de las tres cuartas partes del Congreso, y debe pasar segunda vez al Senado para que dé o niegue la sanción.

Artículo 84. Si aun así, no la obtuviere, o si la resolución no hubiere sido ratificada, no puede volver a proponerse sino hasta el año siguiente, debiendo entonces sancionarse o ratificarse según las reglas comunes a toda resolución.

Artículo 85. Cuando la mayoría de los Estados reclamare las resoluciones del Congreso en el caso del **Artículo 83**, deberán ser inmediatamente revisadas sin perjuicio de su observancia, y recibir nueva sanción por los trámites prevenidos en el mismo **Artículo,** procediéndose en lo demás conforme al 84.

Artículo 86. Dada la sanción constitucionalmente, el Senado devuelve con ella al Congreso un original, y pasa otro al Poder Ejecutivo para su ejecución.

Sección tercera. De la promulgación de la ley

Artículo 87. El Poder Ejecutivo luego que reciba una resolución sancionada, o de las que trata el **Artículo** 77 debe bajo la más estrecha responsabilidad, ordenar su cumplimiento; disponer entre quince días lo necesario a su ejecución y publicarla y circularla, pidiendo al Congreso prórroga del término si en algún caso fuese necesaria.

Artículo 88. La promulgación se hará en esta forma: «Por cuanto el Congreso decreta y el Senado sanciona lo siguiente (el texto literal), por tanto: ejecútese».

Título VI. Del Senado y sus atribuciones

Sección primera. Del Senado

Artículo 89. Habrá un Senado compuesto de miembros elegidos popularmente en razón de dos por cada Estado; se renovará anualmente por tercios, pudiendo sus individuos ser reelectos una vez sin intervalo alguno.

Artículo 90. Para ser senador se requiere: naturaleza en la República, tener treinta años cumplidos, haber sido siete ciudadano, bien ser del estado seglar o del eclesiástico secular y estar en actual ejercicio de sus derechos.

Artículo 91. Nombrará cada Estado un suplente, que tenga las mismas calidades, para los casos de muerte, o imposibilidad declarada por el mismo Senado.

Artículo 92. Uno solo de los senadores que nombre cada Estado podrá ser eclesiástico.

Artículo 93. El Senado en su primera sesión se dividirá por suerte con la igualdad posible en tres partes, las que sucesivamente se renovarán cada año.

Artículo 94. El Vicepresidente de la República presidirá el Senado, y solo sufragará en caso de empate.

Artículo 95. En su falta nombrará el Senado entre sus individuos un presidente, que deberá tener las calidades que se requieren para Presidente de la República.

Artículo 96. El Vicepresidente se apartará del Senado cuando éste nombre los individuos del Tribunal que establece el **Artículo 147.**

Artículo 97. Las sesiones del Senado durarán todo el año en la forma que prevenga su reglamento.

Sección segunda. De las atribuciones del Senado

Artículo 98. El Senado tiene la sanción de todas las resoluciones del Congreso en la forma que se establece en la **Sección 2, Título V.**

Artículo 99. Cuidará de sostener la Constitución; velará sobre el cumplimiento de las leyes generales, y sobre la conducta de los funcionarios del Gobierno Federal.

Artículo 100. Dará consejo al Poder Ejecutivo:
1. Acerca de las dudas que ofrezca la ejecución de las resoluciones del Congreso.
2. En los asuntos que provengan de las relaciones y tratados con potencias extranjeras.
3. En los de gobierno interior de la República.
4. En los de guerra o insurrección.

Artículo 101. Convocará al Congreso en casos extraordinarios, citando a los suplentes de los representantes que hubieren fallecido durante el receso.

Artículo 102. Propondrá ternas al Poder Ejecutivo para el nombramiento de los diplomáticos, del Comandante de las Armas de la Federación, de todos los oficiales del ejército del coronel inclusive arriba, de los comandantes de los puertos y fronteras, de los Ministros de la Tesorería General y de los Jefes de las Rentas generales.

Artículo 103. Declarará cuándo ha lugar a la formación de causa contra los Ministros Diplomáticos y Cónsules en todo género de delitos; y contra los Secretarios del Despacho, el Comandante de Armas de la Federación, los Comandantes de los puertos y fronteras, los Ministros de la Tesorería General, y los Jefes de las Rentas generales, por delitos cometidos en el ejercicio de sus funciones, quedando sujetos en todo lo demás a los tribunales comunes.

Artículo 104. Intervendrá en las controversias que designa el **Artículo 194**; y nombrará en sus primeras sesiones el tribunal que establece el **Artículo 147**.

Artículo 105. Reservará las sentencias de que habla el **Artículo 137**.

Título VII. Del Poder Ejecutivo, de sus atribuciones y de los Secretarios de Despacho

Sección primera. Del Poder Ejecutivo

Artículo 106. El Poder Ejecutivo se ejercerá por un Presidente nombrado por el pueblo de todos los Estados de la Federación.

Artículo 107. En su falta hará sus veces un Vicepresidente, nombrado igualmente por el pueblo.

Artículo 108. En falta de uno y otro, el Congreso nombrará un senador de las calidades que designa el **Artículo 110**. Si el impedimento no fuere temporal, y faltare más de un año para la renovación periódica, dispondrá se proceda a nueva elección, la que deberá hacerse desde las Juntas Populares hasta su complemento. El que así fuere electo durará en sus funciones el tiempo designado en el **Artículo 111**.

Artículo 109. Cuando la falta de que habla el **Artículo** anterior, ocurra no hallándose reunido el Congreso, se convocará extraordinariamente; y entre tanto ejercerá el poder ejecutivo el que presida el Senado.

Artículo 110. Para ser Presidente y Vicepresidente se requiere naturaleza en la República, tener treinta años cumplidos, haber sido siete ciudadano, ser del estado seglar y hallarse en actual ejercicio de sus derechos.

Artículo 111. La duración del Presidente y Vicepresidente será por cuatro años, y podrán ser reelegidos una vez sin intervalo alguno.

Artículo 112. El Presidente no podrá recibir de ningún Estado, autoridad, o persona particular emolumentos o dádivas de ninguna especie, ni sus sueldos serán alterados durante su encargo.

Sección segunda. De las atribuciones del Poder Ejecutivo

Artículo 113. El Poder Ejecutivo publicará la ley, cuidará de su observancia y del orden público.

Artículo 114. Consultará al Congreso de la ley, y al Senado sobre las dudas y dificultades que ofrezca su ejecución. Debe en este caso conformarse con su dictamen y cesa su responsabilidad.

Artículo 115. Entablará, consultando al Senado, las negociaciones y tratados con las potencias extranjeras; le consultará, asimismo, sobre los negocios que provengan de estas relaciones; pero en ninguno de los dos casos está obligado a conformarse con su dictamen.

Artículo 116. Podrá consultar al Senado en los negocios graves del gobierno interior de la República, y en los de guerra o insurrección.

Artículo 117. Nombrará los funcionarios de la República que designa el **Artículo 102**, a propuesta del Senado, los que designa el **Artículo 139**, a propuesta de la Suprema Corte de Justicia; y los subalternos de unos y otros, y los oficiales de la fuerza permanente, que no llegaren a la graduación de Coronel, por igual propuesta de sus Jefes o superiores respectivos.

Artículo 118. Cuando por algún grave acontecimiento peligre la salud de la patria y convenga usar de amnistía o indulto, el Presidente lo propondrá al Congreso.

Artículo 119. Dirigirá toda la fuerza armada de la Federación; podrá reunir la cívica y disponer de ella cuando se halle en servicio activo de la República, y mandar en persona el Ejército con aprobación del Senado, en cuyo caso recaerá el gobierno en el Vicepresidente.

Artículo 120. Podrá usar de la fuerza para repeler invasiones o contener insurrecciones, dando cuenta inmediatamente al Congreso, o en su receso al Senado.

Artículo 121. Concederá con aprobación del Senado, los premios honoríficos compatibles con el sistema de Gobierno de la Nación.

Artículo 122. Podrá separar libremente y sin necesidad de instrucción de causa, a los Secretarios del Despacho, trasladar, con arreglo a las leyes, a todos los funcionarios del Poder Ejecutivo Federal, suspenderlos por seis meses y deponerlos con pruebas justificativas de ineptitud o desobediencia, y con acuerdo, en vista de ellas, de las dos terceras partes del Senado.

Artículo 123. Presentará por medio de los Secretarios del Despacho al abrir sus sesiones, un detalle circunstanciado del estado de todos los ramos de la Administración pública y del Ejército y Marina, con los proyectos que juzgue más oportunos para su conservación o mejora; y una cuenta exacta de los gastos hechos, con el presupuesto de los venideros y medios para cubrirlos.

Artículo 124. Dará al Congreso y al Senado los informes que le pidieren y cuando sean sobre asuntos de reserva, lo expondrá así para que el Congreso o el Senado le dispensen de su manifestación, o se la exijan, si el caso lo requiere. Mas no estará obligado a manifestar los planes de guerra ni las negociaciones de alta política pendientes con las potencias extranjeras.

Artículo 125. En caso de que los informes sean necesarios para exigir la responsabilidad al Presidente, no podrán rehusarse por ningún motivo, ni reservarse los documentos después que se haya declarado haber lugar a la formación de causa.

Artículo 126. No podrá el Presidente sin licencia del Congreso separarse del lugar en que éste reside; ni salir del territorio de la República hasta seis meses después de concluido su encargo.

Artículo 127. Cuando el Presidente sea informado de alguna conspiración o traición a la República y de que la amenaza un próximo riesgo, podrá dar órdenes de arresto e interrogar a los que se presuma reos; pero en el término de tres días los pondrá, precisamente, a disposición del Juez respectivo.

Artículo 128. Comunicará a los Jefes de los Estados las leyes y disposiciones generales, y les prevendrá lo conveniente en todo cuanto concierna al servicio de la Federación y no estuviere encargado a sus agentes particulares.

Sección tercera. De los Secretarios del Despacho

Artículo 129. El Congreso, a propuesta del Poder Ejecutivo, designará el número de los Secretarios del Despacho; organizará las Secretarías, y fijará los negocios que a cada una corresponden.

Artículo 130. Para ser Secretario del Despacho se necesita ser americano de origen, ciudadano en el ejercicio de sus derechos y mayor de veinticinco años.

Artículo 131. Las órdenes del Poder Ejecutivo se expedirán por medio del Secretario del ramo a que correspondan; y las que de otra suerte se expidieren no deben ser obedecidas.

Título VIII. De la Suprema Corte de Justicia y de sus atribuciones

Sección primera. De la Suprema Corte de Justicia

Artículo 132. Habrá una Suprema Corte de Justicia que según disponga la ley se compondrá de cinco a siete individuos; serán elegidos por el pueblo, se renovarán por tercios cada dos años y podrán siempre ser reelegidos.

Artículo 133. Para ser individuo de la Suprema Corte se requiere ser americano de origen, con siete años de residencia no interrumpida e inmediata a la elección, ciudadano en el ejercicio de sus derechos, del estado seglar y mayor de treinta años.

Artículo 134. En falta de algún individuo de la Suprema Corte hará sus veces uno de tres suplentes que tendrán las mismas calidades, y serán elegidos por el pueblo después del nombramiento de los propietarios.

Artículo 135. La Suprema Corte designará, en su caso, el suplente que deba concurrir.

Sección segunda. De las atribuciones de la Suprema Corte de Justicia

Artículo 136. Conocerá en última instancia, con las limitaciones y arreglo que hiciere el Congreso en los emanados de la Constitución, de las leyes generales, de los tratados hechos por la República, de jurisdicción marítima, y de competencia sobre jurisdicción en controversia de ciudadanos o habitantes de diferentes Estados.

Artículo 137. En los casos de contienda en que sea parte toda la República, uno o más Estados, con alguno o algunos otros, o con extranjeros o habitantes de la República, la Corte Suprema de Justicia hará nombren árbitros para la primera instancia, conocerá en la segunda, y la sentencia que diere será llevada en revista al Senado, caso de no conformarse las partes con el primero y segundo juicio, y de haber lugar a ella, según la ley.

Artículo 138. Conocerá originariamente con arreglo a las leyes en las causas civiles de los Ministros Diplomáticos y Cónsules; y en las criminales de todos los funcionarios en que declara el Senado, según el **Artículo** 103, haber lugar a la formación de causa.

Artículo 139. Propondrá ternas al Poder Ejecutivo para que nombre los Jueces que deben componer los tribunales inferiores de que habla el **Artículo** 69, número 25.

Artículo 140. Velará sobre la conducta de los jueces inferiores de la Federación y cuidará de que administren pronta y cumplida la justicia.

Título IX. De la responsabilidad y modo de proceder en las causas de las supremas autoridades federales

Sección única

Artículo 141. Los funcionarios de la Federación, antes de posesionarse de sus destinos, prestarán juramento de ser fieles a la República y de sostener con toda su autoridad la Constitución y las leyes.

Artículo 142. Todo funcionario público es responsable, con arreglo a la ley, del ejercicio de sus funciones.

Artículo 143. Deberá declararse que ha lugar a la formación de causa contra los representantes en el Congreso por traición, venalidad, falta grave en el desempeño de sus funciones y delitos comunes que merezcan pena más que correccional.

Artículo 144. En todos estos casos, y en los de infracción de causa contra los individuos del Senado, de la Corte Suprema de Justicia, contra el Presidente y Vicepresidente de la República y Secretario del Despacho.

Artículo 145. Todo acusado queda suspenso en el acto de declararse que ha lugar a la formación de causa; depuesto siempre que resulte reo; e inhabilitado para todo cargo público si la causa diere mérito, según la ley. En los demás a que hubiere lugar se sujetarán al orden y tribunales comunes.

Artículo 146. Los delitos mencionados producen acción popular, y las acciones de cualquier ciudadano o habitante de la República deben ser atendidas.

Artículo 147. Habrá un tribunal compuesto de cinco individuos que nombrará el Senado entre los suplentes del mismo o del Congreso, que no hayan entrado al ejercicio de sus funciones. Sus, facultades se determinan en los **Artículos** 149 y 150.

Artículo 148. En las acusaciones contra individuos del Congreso, declarará éste cuando ha lugar a la formación de causa, la que será seguida y terminada, según la ley de su régimen interior.

Artículo 149. En las acusaciones contra el Presidente y Vicepresidente, si ha hecho sus veces, declarará el Congreso cuándo ha lugar a la formación de causa, juzgará la Suprema Corte, y conocerá en apelación el Tribunal que establece el **Artículo** 147.

Artículo 150. En las acusaciones contra los individuos de la Suprema Corte, el Congreso declarará cuándo ha lugar a la formación de causa, y juzgará el Tribunal que establece el **Artículo** 147.

Artículo 151. En las acusaciones contra los Senadores y Vicepresidente, declarará el Congreso cuándo ha lugar a la formación de causa, y juzgará la Suprema Corte.

Título X. Garantías de la libertad individual

Sección única

Artículo 152. No podrá imponerse pena de muerte, sino en los delitos que atenten directamente contra el orden público, y en el de asesinato, homicidio premeditado o seguro.

Artículo 153. Todos los ciudadanos y habitantes de la República sin distinción alguna, estarán sometidos al mismo orden de procedimientos y de juicios que determinen las leyes.

Artículo 154. Las Asambleas, tan luego como sea posible, establecerán el sistema de jurados.

Artículo 155. Nadie puede ser preso sino en virtud de orden escrita de autoridad competente para darla.

Artículo 156. No podrá librarse esta orden sin que preceda justificación de que se ha cometido un delito que merezca pena más que correccional, y sin que resulte, al menos por el dicho de un testigo, quién es el delincuente.

Artículo 157. Pueden ser detenidos:
1. El delincuente, cuya fuga se tema con fundamento;
2. El que sea encontrado en el acto de delinquir, y en este caso todos pueden aprehenderle para llevarle al Juez.

Artículo 158. La detención de que habla el **Artículo** anterior no podrá durar más de cuarenta y ocho horas, y durante este término deberá la autoridad que la haya ordenado, practicar lo prevenido en el **Artículo 156**, y librar por escrito la orden de prisión o poner en libertad al detenido.

Artículo 159. El alcaide no puede recibir ni detener en la cárcel a ninguna persona, sin transcribir en su registro de presos o detenidos la orden de prisión o detención.

Artículo 160. Todo preso debe ser interrogado dentro de cuarenta y ocho horas; y el juez está obligado a decretar la libertad o permanencia en la prisión, dentro de las veinticuatro horas siguientes, según el mérito de lo actuado.

Artículo 161. Puede, sin embargo, imponerse arresto por pena correccional, previas las formalidades que establezca el Código de cada Estado.

Artículo 162. El arresto por pena correccional no puede pasar de un mes.

Artículo 163. Las personas aprehendidas por la autoridad no podrán ser llevadas a otros lugares de presión, detención o arresto, que a los que estén legalmente y públicamente destinados al efecto.

Artículo 164. Cuando algún reo no estuviere incomunicado por orden del juez transcrita en el registro del alcaide, no podrá impedir su comunicación con persona alguna.

Artículo 165. Todo el que no estando autorizado por la ley expidiere, firmare, ejecutare o hiciere ejecutar la prisión, detención o arresto autorizado por la ley, condujere, recibiere o retuviere al reo en lugar que no sea de los señalados pública y legalmente, y todo alcaide que contraviniere las disposiciones precedentes, es reo de detención arbitraria.

Artículo 166. No podrá ser llevado ni detenido en la cárcel el que diere fianza en los casos que la ley expresamente no la prohíba.

Artículo 167. Las Asambleas dispondrán que haya visitas de cárceles para toda clase de presos, detenidos o arrestados.

Artículo 168. Ninguna casa puede ser registrada, sino por mandato escrito de autoridad competente, dado en virtud de dos deposiciones formales que presten motivo al allanamiento, el cual deberá efectuarse de día. También podrá registrarse a toda hora por un agente de la autoridad pública:
    1. En persecución actual de un delincuente;
    2. Por un desorden o escándalo que exija pronto remedio;
    3. Por reclamación hecha del interior de la casa.
Mas hecho el registro, se comprobará con dos deposiciones que se hizo por algunos de los motivos indicados.

Artículo 169. Solo en los delitos de traición se pueden ocupar los papeles de los habitantes de la República; y únicamente podrá practicarse su examen cuando sea indispensable para la averiguación de la verdad, y a presencia del interesado, devolviéndole en el acto cuantos no tengan relación con lo que se indaga.

Artículo 170. La policía de seguridad no podrá ser confiada sino a las autoridades civiles, en la forma en que la ley determine.

Artículo 171. Ningún juicio civil o sobre injurias podrá entablarse sin hacer constar que se ha intentado antes el medio de conciliación.

Artículo 172. La facultad de nombrar árbitros en cualquier estado del pleito es inherente a toda persona: la sentencia que los árbitros dieren es inapelable, si las partes comprometidas no se reservaren este derecho.

Artículo 173. Unos mismos jueces no pueden serlo en dos diversas instancias.

Artículo 174. Ninguna ley del Congreso ni de las Asambleas pueden contrariar las garantías contenidas en este Título; pero sí ampliarlas y dar otras nuevas.

Título XI. Disposiciones generales

Sección única

Artículo 175. No podrán el Congreso, las Asambleas, ni las demás autoridades:

1. Coartar, en ningún caso ni por pretexto alguno, la libertad del pensamiento, la de la palabra, la de la escritura y la de la imprenta.

2. Suspender el derecho de peticiones de palabra o por escrito.

3. Prohibir a los ciudadanos o habitantes de la República, libres de responsabilidad, la emigración a país extranjero.

4. Tomar la propiedad de ninguna persona, ni turbarle en el libre uso de sus bienes, sino en favor del público cuando lo exija una grave urgencia legalmente comprobada; y garantizándose previamente la justa indemnización.

5. Establecer vinculaciones; dar títulos de nobleza, ni pensiones, condecoraciones o distintivos que sean hereditarios; ni consentir sean admitidos por ciudadanos de Centroamérica los que otras naciones pudieran concederles.

6. Permitir el uso del tormento y los apremios; imponer confiscación de bienes, azotes y penas crueles.

7. Conceder por tiempo ilimitado, privilegios exclusivos a compañías de comercio o corporaciones industriales.

8. Dar leyes de proscripción, retroactivas ni que hagan trascendental la infamia.

Artículo 176. No podrán, sino en el caso de tumulto, rebelión o ataque con fuerza armada a las autoridades constituidas:

1. Desarmar a ninguna población, ni despojar a persona alguna de cualquier clase de armas que tengan en su casa o de la que lleve lícitamente.

2. Impedir las reuniones populares que tengan por objeto un placer honesto, o discutir sobre política y examinar la conducta pública de los funcionarios.

3. Dispensar las formalidades sagradas de la ley para allanar la casa de algún ciudadano o habitante, registrar su correspondencia privada, reducirlo a prisión o detenerlo.

4. Formar comisiones o tribunales especiales para conocer en determinados delitos, o para alguna clase de ciudadanos o habitantes.

Título XII. Del Poder Legislativo, del Consejo Representativo, Del Poder Ejecutivo y del Judiciario de los Estados

Sección primera. Del Poder Legislativo

Artículo 177. El Poder Legislativo de cada Estado reside en una Asamblea de representantes elegidos por el pueblo que no podrán ser menos de once ni más de veintiuno.

Artículo 178. Corresponde a las primeras Legislaturas: formar la Constitución particular del Estado conforme a la Constitución Federal.

Y corresponde a todas:

1. Hacer sus leyes, ordenanzas y reglamentos.

2. Determinar el gasto de su administración y decretar los impuestos de todas clases necesarios para llenar éste, y el cupo que les corresponda en los gastos generales; mas sin consentimiento del Congreso no podrán imponer contribuciones de entrada y salida en el comercio con los extranjeros ni en el de los Estados entre sí.

3. Fijar periódicamente la fuerza de línea, si se necesitase en tiempo de paz, con acuerdo del Congreso, crear la cívica y levantar toda la que les corresponda en tiempo de guerra.

4. Elegir los establecimientos que se consideren convenientes para el mejor orden en justicia, economía, instrucción pública y en todos los ramos de la administración.

5. Admitir por dos terceras partes de votos las renuncias que antes de posesionarse y por causas graves hagan de sus oficios los Senadores.

Sección segunda. Del Consejo Representativo de los Estados

Artículo 179. Habrá un Consejo representativo compuesto de representantes elegidos popularmente en razón de uno por cada **Sección** territorial del Estado, según la división que haga su Asamblea.

Artículo 180. Corresponde al Consejo representativo:
1. Dar sanción a la ley.
2. Aconsejar al Poder Ejecutivo, siempre que sea consultado.
3. Proponerle para el nombramiento de los primeros funcionarios.
4. Cuidar de su conducta y declarar cuándo ha lugar a formarles causa.

Sección tercera. Del Poder Ejecutivo de los Estados

Artículo 181. El Poder Ejecutivo reside en un jefe nombrado por el pueblo del Estado.

Artículo 182. Está a su cargo:
1. Ejecutar la ley y cuidar el orden público.
2. Nombrar los primeros funcionarios del Estado a propuesta en terna del Congreso, y los subalternos a propuesta igual de sus jefes.
3. Disponer de la fuerza armada del Estado y usar de ella para su defensa en caso de invasión repentina, comunicándolo inmediatamente a la Asamblea o en su receso al Consejo, para que den cuenta al Congreso.

Artículo 183. En falta del Jefe del Estado, hará sus veces un segundo Jefe, igualmente nombrado por el pueblo.

Artículo 184. El segundo Jefe será Presidente del Consejo y solo votará en caso de empate.

Artículo 185. En falta del Presidente lo elegirá el Consejo de entre sus individuos.

Artículo 186. El segundo Jefe no asistirá al Consejo en los mismos casos en que el Vicepresidente de la República debe separarse del Senado.

Artículo 187. El Jefe y segundo Jefe del Estado durarán en sus funciones cuatro años, y podrán sin intervalo alguno ser una vez reelegidos.

Artículo 188. Responderán al Estado del buen desempeño en el ejercicio de sus funciones.

Sección cuarta. Del Poder Judicial de los Estados

Artículo 189. Habrá una Corte Superior de Justicia compuesta de jueces elegidos popularmente, que se renovarán por períodos.

Artículo 190. Será el tribunal de última instancia.

Artículo 191. El orden de procedimientos en las causas contra los representantes en la Asamblea, contra el Poder Ejecutivo y contra los individuos del Consejo y de la Corte Superior de cada Estado, se establecerá en la forma y bajo las reglas designadas para las autoridades federales.

Título XIII. Disposiciones generales sobre los Estados

Sección única

Artículo 192. Los Estados deben entregarse mutuamente los reos que se reclamaren.

Artículo 193. Los actos legales y jurídicos de un Estado serán reconocidos en todos los demás.

Artículo 194. En caso de que algún Estado o autoridades constituidas reclamen de otro el haber traspasado su Asamblea los límites constitucionales, tomará el Senado los informes convenientes entre sí o la Asamblea de quien se reclama no se conformare con su juicio, el negocio será llevado al Congreso, y su decisión será la terminante.

Artículo 195. Pueden ser elegidos representantes, senadores, jefes, consejeros e individuos de la Corte Superior de Justicia de cada uno de los Estados los ciudadanos hábiles de los otros; pero no son obligados a admitir estos oficios.

Título XIV. De la formación y admisión de nuevos Estados

Sección única

Artículo 196. Podrán formarse en lo sucesivo nuevos Estados y admitirse otros en la Federación.

Artículo 197. No podrá formarse nuevo Estado en el interior de otro Estado. Tampoco podrá formarse por la unión de dos o más Estados, o partes de ellos, si no estuvieren en contacto, y sin el consentimiento de las Asambleas respectivas.

Artículo 198. Todo proyecto de ley sobre formación de nuevo Estado debe ser propuesto al Congreso por la mayoría de los representantes de los pueblos que han de formarlo y apoyado en los precisos datos de tener una población de cien mil o más habitantes, y de que el Estado de que se separa queda con igual población y en capacidad de subsistir.

Título XV. De las reformas y de la sanción de esta Constitución

Sección primera. De las reformas de la Constitución

Artículo 199. Para poder discutirse un proyecto en que se reforme o adicione esta Constitución, debe presentarse firmado al menos por seis representantes en el Congreso, o ser propuesto por alguna Asamblea de los Estados.

Artículo 200. Los proyectos que se presenten en esta forma si no fueren admitidos a discusión, no podrán volver a proponerse sino hasta el año siguiente.

Artículo 201. Los que fueren admitidos a discusión, puestos en estado de votarse, necesitan para ser acordados las dos terceras partes de los votos.

Artículo 202. Acordada la reforma o adición debe para ser constitucional, aceptarse por la mayoría absoluta de los Estados con las dos terceras partes de la votación de sus Asambleas.

Artículo 203. Cuando la reforma o adición versare sobre algún punto que altere en lo esencial la forma de gobierno adoptada, el Congreso, después de la aceptación de los Estados, convocará una Asamblea Nacional Constituyente para que definitivamente resuelva.

Sección segunda. De la sanción

Artículo 204. Sancionará esta Constitución el primer Congreso Federal.

Artículo 205. La sanción recaerá sobre toda la Constitución y sobre alguno o algunos **Artículos**.

Artículo 206. La sanción será dada nominalmente por la mayoría absoluta y negada por las dos terceras partes de votos del Congreso.

Artículo 207. Si no concurriere la mayoría a dar la sanción ni las dos terceras partes a negarla, se discutirá de nuevo por espacio de ocho días, al fin de los cuales se votará precisamente.

Artículo 208. Si de la segunda votación aún no resultare acuerdo, serán llamados al Congreso los Senadores, y concurrirán como representantes a resolver sobre la sanción.

Artículo 209. Incorporados los Senadores en el Congreso se abrirá por tercera vez la discusión, que no podrá prolongarse más de quince días; y si después de votarse no resultare la mayoría de los votos para dar la sanción, ni las dos terceras partes para negarla, la Constitución queda sancionada en virtud de este **Artículo** constitucional.

Artículo 210. Dada la sanción, se publicará con la mayor solemnidad; negada, el Congreso convocará sin demora una Asamblea Nacional Constituyente.

Artículo 211. Esta Constitución, aun antes de sancionarse, regirá en toda su fuerza y vigor, como su publicación, mientras, fuere sancionada.

Dada en la ciudad de Guatemala, a veintidós de noviembre de mil ochocientos veinticuatro.

Fernando Antonio Dávila, Diputado por el Estado de Guatemala, Presidente; José Nicolás Irías, Diputado por el Estado de Honduras, Vicepresidente.

Representantes por el Estado de Costa Rica: José Antonio Alvarado. Juan de los Santos Madriz. Luciano Alfaro. Pablo Alvarado.

Representantes por el Estado de Nicaragua: Toribio Argüello. Francisco Quiñónez. Tomás Muñoz. Manuel Barberena. Benito Rosales. Manuel Mendoza. Juan Modesto Hernández. Filadelfo Benavent.

Representantes por el Estado de Honduras: Juan Miguel Fiallos. Miguel Antonio Pineda. Juan Esteban Milla. José Jerónimo Zelaya. Joaquín Lindo. Pío José Castellón. Francisco Márquez. Próspero de Herrera. Francisco Aguirre. José Francisco Zelaya.

Representantes por el Estado de El Salvador: José Matías Delgado. Juan Vicente Villacorta. Mariano de Beltranena. Ciriaco Villacorta. José Ignacio de Marticorena. Joaquín de Letona. José Francisco de Córdoba. Isidro Menéndez. Leoncio Domínguez. Marcelino Menéndez. Pedro José Cuéllar. Mariano Navarrete.

Representantes por el Estado de Guatemala: José Barrundia. Antonio de Rivera. José Antonio Alcayaga. Cirilo Flores. José Antonio Azmitia. Francisco Flores. Juan Miguel de Beltranena. Julián de Castro. José Simeón Cañas. José María Agüero. Luis Barrutia. José María Herrera. Eusebio Arzate. José Ignacio Grijalva. José Serapio Sánchez. Miguel Ordóñez. Mariano Gálvez. Francisco Xavier Valenzuela. Francisco Carrascal. Mariano Centeno. Antonio González. Basilio Chavarría. Juan Neponuceno Fuentes. José Domingo Estrada. José Antonio de Larrave, Diputado por el Estado de Guatemala, Secretario. Juan Francisco de Sosa, Diputado por el Estado de El Salvador, Secretario. Mariano de Córdoba, Diputado por el Estado de Guatemala, Secretario. José Beteta, Diputado por el Estado de Guatemala, Secretario.

Palacio Nacional del Supremo Poder Ejecutivo de la República Federal de Centroamérica, en Guatemala, a veintidós de noviembre de mil ochocientos veinticuatro.

Ejecútese. Firmado de nuestra mano, sellado con el sello de la República y refrendado por el Secretario Interior del Estado y del Despacho de Relaciones Exteriores.

José Manuel de la Cerda, Tomás O'Horán, José del Valle.
El Secretario de Estado, Manuel J. Ibarra.

Constitución de 1825

11 de diciembre de 1825

Nosotros los representantes de los pueblos del Estado de Honduras, reunidos en la Asamblea Constituyente, a virtud de los plenos poderes con que se nos ha autorizado, con arreglo a las bases constitucionales, decretadas por la Asamblea Nacional Constituyente, implorando la protección de Dios para el acierto, ordenamos, decretamos y sancionamos la siguiente Constitución:

Capítulo I. Del Estado

Artículo 1. El Estado de Honduras es libre e independiente de toda potencia o gobierno extranjero, y no será jamás patrimonio de ninguna familia ni persona.

Artículo 2. Es uno de los federales de la República de Centro América.

Artículo 3. El es libre e independiente en su interior administración y gobierno.

Artículo 4. Su territorio comprende todo lo que corresponde, y ha correspondido siempre al obispado de Honduras. Una ley demarcará sus límites, y arreglará sus departamentos.

Capítulo II. De la religión

Artículo 5. El Estado de Honduras profesa, y profesará, siempre, inviolablemente la Religión cristiana, apostólica, romana, sin permitir mesela de otra alguna.

Artículo 6. El Estado la protegerá con leyes sabias y justas; y no consentirá, se hagan alteraciones en la disciplina eclesiástica, sin consultar a la Silla Apostólica.

Artículo 7. Todo ciudadano, y principalmente los que ejercen jurisdicción velarán sobre las observancia de los artículos anteriores. Las leyes designarán las penas que merecen los infractores.

Capítulo III. De los derechos y obligaciones de los hondureños y del Gobierno del Estado

Artículo 8. Todos los hondureños son libres, y ciudadanos los que tengan la edad, y demás condiciones que establece la Constitución de la República.

Artículo 9. El Estado protege con leyes sabias y justas la libertad, la propiedad, y la igualdad; viviendo sujetos a la Constitución y la ley; respetando a las autoridades; contribuyendo con proporción a sus facultades para los gastos del Estado y federación, para sostener la independencia, su integridad y seguridad; y tomando las armas para defender la patria, cuando fueren llamados por la ley.

Artículo 10. El gobierno del Estado es popular representativo, y en la federación que ha acordado, fija su felicidad y prosperidad.

Artículo 11. El Supremo Poder estará dividido en Legislativo, Ejecutivo y Judicial; aunque estos dos últimos, la Asamblea del Estado podrá hacer alteración, por medio de una ley, en las autoridades subalternas, según lo exijan las circunstancias y localidad.

Artículo 12. Los pueblos que componen el Estado, ni por sí, ni por autoridad alguna, pueden ser despojados de la soberanía, que reside en todos, no podrán ejercerla sino únicamente en las elecciones primarias, practicándolas en la forma que prescribe la Constitución federal.

Artículo 13. Los habitantes del Estado de Honduras tienen el derecho de petición y la libertad de imprenta para publicar sus discursos, proponer medios útiles al Estado, y censurar con decoro la conducta de los funcionarios públicos en el ejercicio de su cargo, y el de velar sobre el cumplimiento de las leyes, que se dicten sobre los objetos indicados en este **Artículo.**

Capítulo IV. De la elección de los Supremos Poderes del Estado

Artículo 14. La elección de los Supremos Poderes del Estado se verificará guardando las formalidades que previene el **Artículo** 3 de la Constitución federal para la de las Supremas autoridades federales, con solo la variación que contienen los artículos siguientes:

Artículo 15. En el tiempo de elecciones constitucionales, las juntas populares se celebrarán siempre el primer domingo del mes de octubre: las de distrito en el tercero del mismo mes; y las de departamento el segundo domingo del mes de noviembre.

Artículo 16. La regulación de votos para la elección de Senadores y Supremas autoridades del Estado, de que tratan los **Artículos** 47 y 48 de la Constitución federal, se verificarán en la forma siguiente. Los pliegos que compongan el registro de los votos, que dieren los electores de las juntas de departamento se abrirán en sesión pública y el Presidente, Secretario y dos Escrutadores, nombrados al efecto, procederán a computar los votos de todos y cada uno de los electores que hayan sufragado en dichas juntas. Cuando algún ciudadano reuniere la mayoría de votos escrutados, la Asamblea publicará la elección. En caso contrario lo verificará entre los que hubieren obtenido diez o más, y si faltare este número, la Asamblea elegirá entre todos los designados por las juntas.

Artículo 17. La Asamblea luego que reúna los datos necesarios, dividirá la población del Estado con la posible exactitud y comodidad en las juntas populares, en distritos y departamentos.

Artículo 18. La base para la representación será por ahora la de un diputado por cada quince mil almas.

Aumentándose la población de modo que exceda el número de diputados al de veintiuno, podrán las Asambleas futuras hacer las reformas que crean necesarias.

Capítulo V. Del Poder Legislativo

Artículo 19. La Asamblea del Estado se compondrá por ahora de once diputados; y nunca podrá bajar de este número, ni subir de veintiuno.

Artículo 20. La Asamblea se renovará por mitad cada año, y los mismos representantes podrán ser reelegidos una vez sin intervalo alguno.

Artículo 21. La primera legislatura decidirá por suerte los representantes que deben renovarse en el año siguiente: en adelante la renovación se verificará en los de nombramiento más antiguo.

Artículo 22. Las sesiones darán principio en cada año el día dos de enero a cuyo efecto los diputados deberán hallarse reunidos en el lugar que se celebre el día veinticuatro de diciembre para las juntas preparatorias, previas a las sesiones.

Artículo 23. La Asamblea ordinaria continuará reunida por sesenta días, y cuando más por noventa; a excepción de la primera que puede prorrogarse todo el tiempo que juzgue necesario; se volverá a reunir en sus recesos si el consejo la convocare, para uno o más asuntos urgentes del Estado no pudiendo tratar de otro en esta reunión.

Artículo 24. La residencia de la Asamblea será en la capital del Estado; pudiéndola variar, cuando lo estime conveniente con mayoría absoluta de votos.

Artículo 25. Para que haya Asamblea se necesitan las dos terceras partes de los diputados; pero tres podrán compeler a los demás a reunirse en el tiempo designado para las Legislaturas ordinarias, y para las extraordinarias que hayan de celebrarse a juicio del consejo.

Artículo 26. Para la formación de la ley, se observará todo lo prevenido en los **Artículos** 71, 72, 73, 75, y 76, de la **Sección** 1.ª del Título 5.º de la Constitución federal.

Artículo 27. Aprobado un proyecto de ley por la Asamblea, pasará al consejo directivo para la sanción, y dada la pasará al Jefe Supremo del Estado para la publicación y ejecución.

Artículo 28. En caso de que el Consejo niegue la sanción, devolverá el proyecto entre diez días a la Asamblea, informando los fundamentos que tenga para la negativa; y examinada ésta por la Asamblea, si las dos terceras partes de ella la desaprobasen, se tendrá por sancionada la ley, devolviéndola al Consejo.

Artículo 29. La forma de que usará el Consejo para la sanción será; Pase al Jefe Supremo del Estado: cuando la niegue: Vuelva a la Asamblea: Por sancionada: Pase al Jefe Supremo del Estado.

Artículo 30. La derogación de las leyes vigentes se hará por los mismos trámites que se decretaron las del Estado.

Artículo 31. Los diputados serán inviolables por sus opiniones, y en ningún tiempo ni caso, ni por autoridad alguna podrán ser reconvenidos por ellas. En las causas criminales que contra ellos se intente, no podrán ser juzgados, sino por el tribunal de la Asamblea en los términos que prescribe el reglamento de su gobierno interior. Durante las sesiones, y un mes después, los diputados no podrán ser demandados, ni ejecutados por deudas.

Artículo 32. Son atribuciones de la Asamblea:
1. Dictar las leyes del Estado en consonancia con las de la federación, en la parte que tenga tendencia con ellas e interpretar las que diere.
2. Formar el código civil y criminal; su reglamento interior, y el de los otros poderes.
3. Aprobar los estatutos de otras corporaciones.
4. Dar las ordenanzas a la milicia activa y cívica, conciliándolas con las del ejército permanente de la federación.
5. Acordar con el Congreso federal la fuerza de línea que debe tener el Estado.
6. Decretar en tiempo de guerra el aumento de fuerza, que conforme al cupo le señale el Congreso federal.
7. Formar la estadística del Estado por medio de los jefes, municipales, o del modo que lo permitan las circunstancias.
8. Decretar las contribuciones o impuestos para los gastos necesarios del Estado, y para el cupo conforme el actual presupuesto, y los sucesivos.

9. Aumentar o disminuir las contribuciones con proporción a las necesidades del Estado.

10. Reclamar las leyes impracticables o perjudiciales al Estado, o no conformes con sus circunstancias locales.

11. Erigir los establecimientos, corporaciones y tribunales inferiores para el mejor orden en justicia, economía, o instrucción pública.

12. Conmutar las penas de la ley, o perdonar los delitos que por las leyes federales no estén sujetos a ellas.

13. Detallar los sueldos de los funcionarios públicos aumentarlos o disminuirlos según las circunstancias.

14. Aprobar los tratados que el Jefe Supremo del Estado, previamente autorizado, celebre con los otros de la federación.

15. Sentenciar en los casos que previene el **Artículo** 194 Título 13 de la Constitución de la República.

16. Contraer deudas sobre el crédito del Estado con los demás de la República, o con particulares, o extranjeros, con hipotecas, de sus respectivas rentas.

17. Dar reglamento para el comercio interior del Estado.

18. Admitir por dos terceras partes de votos las denuncias que por causas graves hagan de sus oficios los diputados a la Asamblea, el Jefe y Vicejefe del Estado, los Consejeros y Ministros de la Corte Superior de justicia y las de Senadores, antes de posesionarse.

Capítulo VI. Del Consejo Representativo

Artículo 33. Habrá un Consejo, compuesto de un representante por cada departamento elegido por sus respectivos pueblos.

Artículo 34. Para ser Consejero se necesita naturaleza en la República; residencia en el Estado, lo menos de cinco años; ser mayor de treinta en el ejercicio de la ciudadanía; del estado seglar o del eclesiástico secular; y de conocida adhesión al sistema constitucional adoptado.

Artículo 35. Cada departamento elegirá un suplente que reúna las mismas calidades del propietario, para los casos de muerte, imposibilidad declarada por el Consejo.

Artículo 36. El Consejo durará tres años; renovándose por tercios en cada uno, pudiendo ser reelegidos sus individuos una vez, y la suerte decidirá en el primero y segundo año los que deban mudarse.

Artículo 37. El Consejo celebrará diariamente sus sesiones en el tiempo de las de la Asamblea y dos veces cada semana en el resto del año, y cuando extraordinariamente lo convoque el Jefe Supremo del Estado.

Artículo 38. Son atribuciones del Consejo:

1. Sancionar las leyes de la Asamblea del Estado con arreglo a los **Artículos 78, 79, 80, 81, 82, 83 y 86, del Título 5.°** de la Constitución de la República.

2. Dictaminar sobre la derogación de la ley en los mismos términos que debe negar la sanción, oyendo en ambos casos al Jefe Supremo de Estado.

3. Resolver las dudas que le consulte el Jefe; sobre la inteligencia de alguna ley en los recesos de la Asamblea y su resolución será ejecutada.

4. Aconsejar al Jefe Supremo en los casos que le consulte y darle dictamen en los negocios diplomáticos que ocurran entre el Gobierno del Estado y el federal, o con los demás Estados.

5. Proponer en terna al Jefe Supremo, el Comandante general o primer jefe militar, el Intendente Tesorero general de hacienda pública, Factor de tabacos y los jefes primeros de departamento.

6. Velar sobre la conducta de los funcionarios nombrados en este **Artículo**, declarando en su caso cuando ha lugar a formación de causa.

7. Nombrar Presidente de su seno, cuando estuviere impedido el designado por la Constitución.

8. Nombrar Secretario, fuera de su seno, al que podrá suspender por dos meses; pero no removerle sin conocimiento de causa.

9. Convocar a la Asamblea en los casos extraordinarios.

10. Nombrar en sus primeras sesiones el tribunal que establece el **Artículo** 62.

11. Velar sobre la observancia de la Constitución y leyes del Estado, y dar cuenta a la Legislatura de las infracciones que haya notado o de que esté informado.

Capítulo VII. Del Poder Ejecutivo

Artículo 39. El Poder Ejecutivo reside en un jefe nombrado por todos los pueblos, que componen el Estado, como lo determine la ley.

Artículo 40. Al tiempo de esta elección se nombrará otro en los mismos términos que le subrogue, o supla en ausencia, enfermedad, muerte o suspensión.

Artículo 41. El Jefe Supremo del Estado y vicejefe lo serán únicamente por cuatro años, y solo podrán ser reelectos una vez.

Artículo 42. El vicejefe presidirá el Consejo sin voto, y solo lo tendrá para decidir en caso de empate.

Artículo 43. No asistirá al Consejo cuando haya de nombrarse el tribunal que establece el **Artículo 62.**

Artículo 44. Son atribuciones del Jefe, Supremo del Estado:

1. Publicar la ley y hacer se publique en el Estado dentro del término de treinta días. La retardación de este acto le hace responsable, después de cumplido el término señalado.

2. Cuidar de la ejecución de la ley, del orden público y del exacto cumplimiento de los funcionarios, en sus respectivos cargos.

3. Nombrar los primeros magistrados de que habla el **Artículo** 38 en el párrafo 5.º a propuesta del Senado, y a los subalternos a igual propuesta de sus inmediatos jefes.

4. Disponer de la fuerza armada del Estado, y usar de ella en su defensa en caso de invasión repentina: pedir auxilio en el mismo caso a los demás Estados, y subministrarlo cuando ellos lo pidan; dando cuenta a la Asamblea para que ella lo verifique al Congreso de la Federación.

5. Formar reglamentos para el fácil cumplimiento y ejecución de las leyes.

6. Nombrar interinamente los empleados en casos de suspensión, enfermedad o ausencia de los propietarios.

7. Convocar al Consejo en casos extraordinarios, cuando necesite consultarle.

Artículo 45. El Jefe Supremo tendrá y nombrará un Ministro general para el despacho de los negocios, el cual será substituido en casos de suspensión, enfermedad o ausencia, por el oficial primero del mismo Ministro.

Artículo 46. Estará a cargo del Ministro:

1. Formar la planta de la secretaría, que el Jefe Supremo del Estado presentará con su informe a la Asamblea.

2. Autorizar las órdenes, decretos y despachos del Jefe Supremo, y comunicarlos a las primeras autoridades del Estado.

3. Entablar las relaciones y comunicaciones que determine el Jefe Supremo con los Estados de la República.

Artículo 47. El Ministro será responsable con las penas a que dé lugar el proceso, si autorizase órdenes y decretos contra ley o Constitución.

Artículo 48. El Jefe Supremo podrá suspender al Ministro general por un mes, sin necesidad de formación de causa, y deponerlo con pruebas justificativas de ineptitud o desobediencia, con acuerdo en vista de ellas de las dos terceras partes del Consejo.

Capítulo VIII. Del Poder Judicial

Artículo 49. El Poder Judicial es independiente en sus atribuciones del Legislativo y Ejecutivo: a él exclusivamente pertenece la aplicación de las leyes en las causas civiles y criminales.

Artículo 50. La Corte Superior de Justicia se compondrá por ahora de un Presidente, dos Ministros y un Fiscal; debiendo ser precisamente letrados el Presidente y el Fiscal: serán elegidos popularmente: se renovarán por mitad cada dos años, y podrán siempre ser reelegidos quedando a su arbitrio la admisión. En los dos años primeros la suerte decidirá los que deban salir, y en los siguientes los de nombramiento más antiguo.

Artículo 51. Para ser Ministro de Corte de Justicia se requiere ser ciudadano, en el ejercicio de sus derechos, mayor de treinta años, del estado secular, y con instrucción a lo menos, en el derecho público.

Artículo 52. Será la Corte Superior de Justicia el tribunal de última instancia; y por una ley se arreglará el orden de nombrarse conjueces en los casos de recusación en que haya lugar a ella, conforme a las leyes.

Artículo 53. Conocerá de los recursos de nulidad y de los de fuerza con arreglo a las leyes.

Artículo 54. Juzgará a los primeros funcionarios del Estado, después que la Asamblea, o el Congreso hayan declarado que ha lugar a la formación de causa.

Artículo 55. La Corte Superior de Justicia y demás juzgados inferiores son responsables, con arreglo a la ley, del ejercicio de sus funciones.

Artículo 56. La infracción de Constitución y de leyes, el cohecho, soborno y prevaricación, produce acción popular.

Artículo 57. La Corte Superior de Justicia decidirá las dudas, que se le presenten por los jueces y autoridades inferiores, sobre la inteligencia de las leyes, consultando en su caso, con la Asamblea; cuando ésta se halle en receso, con el Consejo.

Artículo 58. Conocerá la Corte de Justicia de las causas de residencia de los empleados públicos con arreglo a la ley, que sobre esta materia se dicte.

Artículo 59. Examinará las listas de las causas civiles y criminales, pendientes en ella misma y en los juzgados inferiores.

Artículo 60. Propondrá ternas para el nombramiento de los jueces inferiores, y velará en el cumplimiento en el ejercicio de sus funciones.

Artículo 61. La Corte Superior de Justicia decidirá las competencias que se susciten entre los juzgados inferiores.

Artículo 62. Para juzgar con apelación a los funcionarios, de que habla el **Artículo 54,** se formará un tribunal compuesto de tres individuos, nombrados por el Consejo, entre los suplentes del mismo y de la Asamblea, que no hayan funcionado.

Artículo 63. Este tribunal juzgará de las acusaciones contra los individuos de la Corte Superior de Justicia; y en apelación conocerá otro tribunal que nombre la Asamblea, entre los que tuvieren votos para la misma Corte.

Artículo 64. Habrá otro tribunal que conozca en segunda instancia de todas las causas comunes, que deberá formarse del modo y circunstancias que determine la ley.

Capítulo IX. De la Administración de Justicia en lo civil

Artículo 65. Habrán jueces de 1.ª instancia, que a más de las circunstancias que deben concurrir en ellos para el desempeño en el ejercicio de sus funciones, deben ser mayores de veinticinco años.

Artículo 66. En los pueblos en particular se administrará justicia por el Alcalde, o Alcaldes, bajo los límites y términos que la ley señale.

Artículo 67. A ninguno se le prohíbe comprometerse en árbitros para terminar sus diferencias: el compromiso será una ley que hará ejecutoria la sentencia de los árbitros, que no será apelable, si las partes no se reservaren este derecho.

Artículo 68. Los Alcaldes de los pueblos ejercen en ellos oficios de conciliadores en las demandas civiles, y sobre injurias que deben establecerse en juicio escrito.

Artículo 69. Sin que haya precedido este juicio conciliatorio, no se podrá establecer pleito alguno.

Capítulo X. Del crimen

Artículo 70. Ninguno podrá ser preso, si no es por delito que merezca pena más que correccional; y en ningún caso sin previo mandamiento por escrito de juez competente.

Artículo 71. Intimado el asunto de prisión, debe ser cumplido; y por su desobediencia incurrirá en la pena que señale la ley.

Artículo 72. Cuando sea la resistencia con armas de cualquiera especies y se temiere la fuga, se usará de la fuerza para asegurar la persona.

Artículo 73. Todo delincuente en el acto de cometer el delito, puede ser arrestado o detenido por cualquiera persona y entregado al juez; mas no podrá usarse de fuerza que ponga en peligro la vida de los ejecutores o del delincuente.

Artículo 74. No se admitirán acusaciones de ninguna clase sin que se firme, o conste por formal diligencia quién es el acusador. Las denuncias secretas y delaciones guardarán la misma forma. Unos y otros, en su caso, serán responsables en el de salir falsas.

Artículo 75. Toda autoridad, corporación, o empleado, que por, el orden de informe acuse algún delito, quedará sujeto a la prueba y la responsabilidad que las leyes detallen.

Artículo 76. En ningún caso, ni por delito alguno habrá confiscación de bienes; y solo podrán embargarse cuando haya responsabilidad pecuniaria, en la cantidad que la cubra.

Artículo 77. Los infractores de los **Artículos** del Título 10 y 11 de la Constitución, federal, se sujetarán a la pena que la ley prescriba.

Capítulo XI. Del Gobierno Interior en cada partido o departamento

Artículo 78. Habrá en cada departamento un Jefe Político Intendente, a cuyo cargo estará el gobierno político y de hacienda, bajo el orden que disponga la ley, la cual arreglará la cantidad con que debe afianzar.

Artículo 79. El ramo gubernativo de los pueblos será a cargo del Alcalde que el jefe de departamento designe en cada parroquia al cual estarán subordinadas las demás municipalidades y pueblos de la misma parroquia. Una ley particular designará las atribuciones del indicado Alcalde, que desempeñará con subordinación al Jefe Intendente.

Artículo 80. En la cabeza del departamento, el Jefe Político Intendente desempeñará iguales atribuciones en el distrito de la parroquia que resida.

Artículo 81. La duración de los Jefes Políticos Intendentes será la de cuatro años, pudiendo continuar y ser promovidos a otro destino, justificada que sea su solvencia y buen desempeño.

Capítulo XII. Del Gobierno Interior y policía de cada pueblo

Artículo 82. En cada pueblo que su comarca tenga de quinientas almas arriba habrá municipalidad elegida popularmente. Una ley designará el número de individuos de que deba componerse cada uno y sus atribuciones.

Artículo 83. Los pueblos, reducciones, y valles que no lleguen al número de quinientos habitantes se gobernarán por un Alcalde auxiliar nombrado por la municipalidad a que corresponda, y sus atribuciones serán las que le designa la ley.

Artículo 84. Cada municipalidad formará bajo su responsabilidad matrícula de los ciudadanos de su comprensión que reúnan las circunstancias y cualidades que previene el **Artículo** 14 del Título 2.° de la Constitución federal.

Artículo 85. Se formará cada año con presencia de esta matrícula una relación de los ciudadanos que se hallen el ejercicio de sus derechos, y no estén comprendidos en lo que previene el **Artículo** 20 del mismo Título.

Artículo 86. Esta relación se tendrá presente para recibir las votaciones en toda elección.

Artículo 87. Solo los ciudadanos que estén en ejercicio pueden obtener empleo en la República.

Capítulo XIII. De la Hacienda Pública y su administración en general

Artículo 88. Habrá un Intendente general del Estado a quien inmediatamente estarán subordinados todos los empleados de hacienda. Su duración será de cuatro años, pudiéndose prorrogar todo el tiempo que se tenga por conveniente, a vista de su exacto cumplimiento y adelantamientos que noten en la hacienda pública.

Artículo 89. El Jefe Supremo del Estado tomando los datos que sean necesarios, propondrá a la Asamblea el número de empleados que debe tener cada ramo.

Artículo 90. El Intendente afianzará su responsabilidad con la cantidad que la ley le declare.

Artículo 91. Los ramos que deben componer la hacienda pública los arreglará una ley especial, que dictará la Asamblea continuando por ahora las rentas establecidas, y contribuciones.

Artículo 92. Habrá un Tribunal de cuentas, que examinará anualmente las de la Tesorería general, y se publicará cada año un estado de cargo y data de caudales de hacienda pública.

Capítulo XIV. De la observancia de la Constitución y leyes

Artículo 93. Todo funcionario público está obligado a guardar, cumplir, y ejecutar la Constitución y leyes; deberán jurarlo así al tomar posesión de sus empleos, y su infracción exige responsabilidad.

Artículo 94. Todo ciudadano a habitante pueden representar a la Asamblea, al Jefe Supremo, Consejo representativo, y jueces de la primera instancia, la infracción de Constitución y leyes.

Artículo 95. La Asamblea por cada seis meses pedirá relaciones especiales a la corte de Justicia de las causas de infracciones de Constitución y leyes, y en su visita proveerá la conveniente.

Artículo 96. La Constitución del Estado no podrá sufrir alteración en aquellos **Artículos** que no tengan una relación inmediata con los de la federación, sino es hasta pasados cuatro años de hallarse en práctica y en los que tengan, en ningún tiempo.

Artículo 97. Las leyes y disposiciones que actualmente rigen, y que no se opongan a la Constitución federal, y a la particular del Estado, quedando en su vigor y fuerza.

Dada en la Ciudad de Comayagua a once de diciembre de mil ochocientos veinticinco.

Manuel Jacinto Doblado,
Diputado por Yoro, Vicepresidente.
José María del Campo,
Diputado por Nacaome.
José Rosa de Yzaguirre,
Diputado por Santa Bárbara.
Ángel Francisco del Valle,
Diputado por Cantarrana.
José María Donayre,
Diputado por Gracias, Secretario.
Miguel Rafael Valladares,
Diputado Suplente por Tegucigalpa, Secretario.
Comayagua Diciembre once de mil ocho cientos veinticinco. Ejecútese: firmada de mi mano, y refrendada por el Secretario del despacho general.
Dionisio de Herrera.
El Secretario General del Gobierno Supremo del Estado
Francisco Morazán.

Reformas a la Constitución Federal
de Centroamérica de 1835

13 de febrero de 1835

El Congreso Federal de la República de Centroamérica, usando de la facultad que le concede la Constitución, ha acordado reformarla de la manera siguiente: Constitución de la República Federal de Centroamérica.

Título I. De la Nación y de su territorio

Sección 1. De la Nación

Artículo 1. El pueblo de la República de Centroamérica es independiente y soberano.

Artículo 2. Es esencial al Soberano y su primer objeto la conservación de la libertad, igualdad, seguridad y propiedad.

Artículo 3. Forman el pueblo de la República todos sus habitantes.

Artículo 4. Están obligados a obedecer y respetar la ley, a servir y defender la Patria con las armas y a contribuir proporcionalmente para los gastos públicos sin exención ni privilegio alguno.

Sección 2. Del territorio

Artículo 5. El territorio de la República es el mismo que antes comprendía el antiguo reino de Guatemala, a excepción por ahora de la provincia de Chiapas.

Artículo 6. La Federación se compone actualmente de cinco Estados, que son: Costa Rica, Nicaragua, Honduras, El Salvador y Guatemala. La provincia de Chiapas se tendrá por Estado de la Federación cuando libremente se una.

Artículo 7. La demarcación de territorio de los Estados se hará por una ley constitucional con presencia de los datos necesarios.

Título II. Del Gobierno, de la Religión, de los ciudadanos

Sección 1. Del Gobierno y de la Religión

Artículo 8. El Gobierno de la República es: popular, representativo, federal.

Artículo 9. La República se denomina: Federación de Centroamérica.

Artículo 10. Cada uno de los Estados que la componen es libre e independiente en su gobierno y administración interior; y les corresponde todo el poder que por la Constitución no estuviere conferido a las autoridades federales.

Artículo 11. Los habitantes de la República pueden adorar a Dios según su conciencia. El Gobierno general les protege en la libertad del culta religioso. Mas los Estados cuidarán de la actual religión de sus pueblos; y mantendrán todo culto en armonía con las leyes.

Artículo 12. La República es un asilo sagrado para todo extranjero, y la patria de todo el que quiera residir en su territorio.

Sección 2. De los ciudadanos

Artículo 13. Todo hombre es libre en la República. No puede ser esclavo el que se acoja a sus leyes, ni ciudadano el que trafique en esclavos.

Artículo 14. Son ciudadanos todos los habitantes de la República naturales del país, o naturalizados en él, que fueren casados, o mayores de dieciocho años, siempre que ejerzan alguna profesión útil o tengan medios conocidos de subsistencia.

Artículo 15. Se concederán cartas de naturaleza a los extranjeros que manifiesten a la autoridad local designio de radicarse en la República:

1. Por servicios relevantes hechos a la nación y designados por la ley.

2. Por cualquiera invención útil, y por el ejercicio de alguna ciencia, arte u oficio no establecidos aún en el país, o mejora notable de una industria conocida.

3. Por vecindad de cinco años.

4. Por la de tres, a los que vinieren a radicarse con sus familias, a los que contrajeren matrimonio en la República y a los que adquirieren bienes raíces de valor y clase que determine la ley.

Artículo 16. También son naturales los nacidos en país extranjero de ciudadanos de Centroamérica, siempre que sus padres estén al servicio de la República, o cuando su ausencia no pasare de cinco años, y fuere con noticia del Gobierno.

Artículo 17. Son naturalizados los españoles y cualesquiera extranjeros que hallándose radicados en algún punto del territorio de la República al proclamarse su independencia, la hubieren jurado.

Artículo 18. Todo el que fuere nacido en las Repúblicas de América y viniere a radicarse a la Federación, se tendrá por naturalizado en ella desde el momento en que manifieste su designio, ante la autoridad local.

Artículo 19. Los ciudadanos de un Estado tienen expedito el ejercicio de la ciudadanía en cualquiera otro de la Federación.

Artículo 20. Pierden la calidad de ciudadanos:
1. Los que admitieren empleo o aceptasen pensiones, distintivos o títulos hereditarios de otro Gobierno; o personales sin licencia del Congreso.
2. Los sentenciados por delitos que según la ley merezcan pena más que correccional, si no obtuvieren rehabilitación.

Artículo 21. Se suspenden los derechos de ciudadano:

1. Por proceso criminal en que se haya proveído auto de prisión por delito que según la ley merezca pena más que correccional.

2. Por ser deudor fraudulento declarado, o deudor a las rentas públicas y judicialmente requerido de pago.

3. Por conducta notoriamente viciada.

4. Por incapacidad física o moral judicialmente calificada.

5. Por el estado de sirviente doméstico cerca de la persona.

Artículo 22. Solo los ciudadanos en ejercicio pueden obtener oficios en la República.

Título III. De la elección de las Supremas Autoridades Federales

Sección 1. De las elecciones en general

Artículo 23. Las Legislaturas de los estados dividirán su población con la posible exactitud y comodidad en juntas populares, y en distritos electorales; de manera que cada uno de éstos contenga la base de población necesaria para elegir un solo representante.

Artículo 24. Las juntas populares se componen de ciudadanos en el ejercicio de sus derechos; y las de distrito, de electores nombrados por las juntas populares.

Artículo 25. Toda junta será organizada por un directorio compuesto de un presidente, dos secretarios y dos escrutadores, elegidos por ella misma.

Artículo 26. Las acusaciones sobre fuerza, cohecho o soborno en los sufragantes hechas en el acto de la elección, serán determinadas por el directorio con cuatro hombres buenos nombrados entre los ciudadanos presentes, por el acusador y el acusado, para el solo efecto de desechar por aquella vez los votos tachados o el del calumniador en su caso. En lo demás, estos juicios serán seguidos y terminados en los Tribunales comunes.

Artículo 27. Los recursos sobre nulidad de elecciones de las juntas populares serán definitivamente resueltos en las de distrito. Las Cámaras que verifican las elecciones deciden de las calidades de los últimos electos cuando sean tachados, y de los reclamos sobre nulidad en los actos de las juntas de distrito.

Artículo 28. Los electores no son responsables por su ejercicio electoral. Las leyes acordarán las garantías necesarias para que libre y puntualmente desempeñen su cargo.

Artículo 29. En las épocas de elección constitucional se celebrarán las juntas populares el último domingo de octubre, y las juntas de distrito, el segundo domingo de noviembre.

Artículo 30. Ningún ciudadano podrá excusarse del cargo de elector por motivo ni pretexto alguno.

Artículo 31. Nadie puede presentarse con armas a los actos de elección, ni votarse por sí mismo.

Artículo 32. Las juntas no podrán deliberar sino sobre objetos, designados por la ley. Es nulo todo acto que esté fuera de su legal intervención.

Artículo 33. Los actos de elección periódica constitucional no necesitan para ser válidos de anterior convocatoria; y aun cuando ésta falte, deberán celebrarse en su época.

Sección 2. De las Juntas Populares

Artículo 34. La base menor de una junta popular será de doscientos cincuenta habitantes; la mayor, de dos mil quinientos.

Artículo 35. Se formarán registros de los ciudadanos que resulten de la base de cada junta, y los inscritos en ellos únicamente, tendrán voto activo y pasivo.

Artículo 36. Las juntas populares nombrarán un elector por cada doscientos cincuenta habitantes. La que tuviere un residuo que exceda a la mitad de este número nombrará un elector más.

Sección 3

Artículo 37. Los electores se reunirán en las cabeceras electorales de distrito que las Legislaturas de los Estados designen.

Artículo 38. Un distrito electoral constará de ciento veinte electores. Reunida por lo menos la mayoría de es la número, se forma la junta electoral y organizada con su directorio elige a pluralidad absoluta de votos el representante y el suplente que le corresponda.

Artículo 39. Nombrado el representante y el suplente, se despachará a cada uno por credencial copia autorizada del acta que debe extenderse, en que consta su nombramiento.

Artículo 40. En la renovación de Presidente de la República los electores sufragarán por dos individuos, debiendo ser precisamente uno de ellos vecino de otro Estado de aquel en que se elige; y cada voto será registrado con separación. En la propia forma, pero en acto diverso, se votará para Vicepresidente de la República.

Artículo 41. Los directores de las juntas de distrito formarán de cada acto de elección lista de los electores con expresión de sus votos.

Artículo 42. Las listas relativas a la elección de Presidente de la República deberán leerse y firmarse a presencia de los electores, y remitirse cerradas y selladas a la Cámara de representantes. En la propia forma se dirigirán al Senado las que correspondan a la elección de Vicepresidente, y copias de unas y otras a la Legislatura respectiva.

Sección 4

Artículo 43. Cada uno de los Estados de la Unión es representado en la Cámara de senadores por cuatro individuos que su legislatura nombre entre los ciudadanos de las calidades designadas en el **Artículo 30.** También elegirá dos suplentes para sustituir a los propietarios en sus faltas.

Sección 5

Artículo 44. Reunidos los pliegos de elección de Presidente, la Cámara de Representantes, en unión del Senado los abrirá y regulará la votación para elección popular por el número de los electores que efectivamente hayan votado, y no por su voto noble, ni por el número de las juntas.

Artículo 45. Siempre que resulte mayoría absoluta de votos la elección está hecha. Si esta mayoría la obtuvieren dos o tres individuos, se declarará popularmente electo el que reúna más número, y en caso de empate decidirá la Cámara de representantes sin intervención del Senado, que se retirará al efecto.

Artículo 46. Si no hubiese elección popular, la Cámara de representantes elegirá entre los que obtengan cuatrocientos o más votos. Si esto no se verificare, nombrará entre los que tuvieren de ciento cincuenta votos arriba, y no resultando los suficientes para ninguno de estos dos casos, elegirá entre los que obtengan diez o más votos.

Artículo 47. El Senado, sin intervención de la Cámara de representantes, abrirá los pliegos y escrutará los votos emitidos para Vicepresidente de la República; declarando la elección popular si resultase hecha según los **Artículos** 44 y 45 o verificándola en los casos del **Artículo** 46 del mismo modo y por las mismas reglas prevenidas para la elección de Presidente.

Artículo 48. En caso de que algún ciudadano obtenga dos o más elecciones para un mismo destino, preferirá la que se haya efectuado por mayor número de votos, y siendo éstos iguales, se determinará por la voluntad del electo.

Artículo 49. En un mismo sujeto la elección de propietario con cualquier número de votos prefiere a la de suplente.

Artículo 50. Si en un mismo ciudadano concurrieren diversas elecciones se determinará la preferencia por la siguiente escala:
1. La de Presidente de la República.
2. La de Vicepresidente.
3. La de Senador.
4. La de Representante.

Artículo 51. Los ciudadanos que hayan servido por el término constitucional cualquier destino electivo en la Federación, no serán obligados a continuar en el mismo, ni admitir otro diverso, sin que haya transcurrido el intervalo de un año.

Artículo 52. Las elecciones de Presidente y Vicepresidente se publicarán por un decreto de la Cámara que las haya verificado. Las legislaturas publicarán del mismo modo la elección que hicieren de senadores.

Artículo 53. Todos los actos de elección para individuos de los supremos poderes federales, deben ser publicados para ser válidos.

Artículo 54. La ley reglamentará estas elecciones sobre las bases establecidas.

Título IV. Del Poder Legislativo y de sus atribuciones

Sección 1

Artículo 55. El Poder Legislativo de la Federación reside en un Congreso compuesto de dos Cámaras, la de Representantes y del Senado. La primera, de diputados electos por las juntas de distrito, y la segunda, de senadores nombrados por las legislaturas de los Estados.

Artículo 56. Las dos Cámaras son independientes entre sí.

Artículo 57. Se reunirán sin necesidad de convocatoria el día primero de febrero de cada año; sus sesiones duran tres meses y solo podrán prorrogarse uno más.

Artículo 58. Abrirán y cerrarán sus sesiones a un mismo tiempo; ninguna de ellas podrá suspenderlas ni prorrogarlas más de tres días sin la sanción de la otra, ni trasladarse a otro lugar sin el convenio de ambas.

Artículo 59. Para toda resolución se necesita la concurrencia de la mayoría absoluta de los miembros de cada Cámara y el acuerdo de la mitad y uno más de los que se hallaren presentes; pero un número menor podrá obligar a concurrir a los ausentes del modo y bajo las penas que se designen en su reglamento interior.

Artículo 60. Los representantes y senadores no podrán ser empleados por el Gobierno durante sus funciones; no obtendrán ascenso que no sea de rigurosa escala.

Artículo 61. En ningún tiempo ni con motivo alguno los representantes y senadores pueden ser responsables por proposición, discurso o debate en las Cámaras o fuera de ellas sobre asuntos relativos a su destino. Y durante los meses de sesiones y uno después no podrán ser demandados civilmente ni ejecutados por deudas.

Artículo 62. Los representantes y senadores tendrán igual competencia y la misma designación de viático.

Artículo 63. En el distrito federal tendrán una jurisdicción exclusiva las autoridades federales.

Artículo 64. Si el Congreso se traslada a otro lugar fuera del distrito, las autoridades federales no ejercerán otras facultades sobre la población donde residan que las concernientes a mantener el orden y tranquilidad pública para asegurarse en el libre y decoroso ejercicio de sus funciones.

Sección 2. De la organización de la Cámara de
Representantes

Artículo 65. La Cámara de representantes se compone de diputados nombrados por las juntas electorales de distrito en razón de uno por cada treinta mil habitantes.

Artículo 66. Por cada dos representantes se elegirá un suplente, alternando los distritos en su elección.

Artículo 67. Los suplentes concurrirán por falta de los propietarios en caso de muerte o imposibilidad.

Artículo 68. La Cámara de representantes se renovará por mitad cada año, y sus individuos podrán ser siempre reelegidos.

Artículo 69. Los representantes que continúan, en unión de los nuevamente electos, reunidos en Junta preparatoria, calificarán las elecciones y credenciales de los últimos.

Artículo 70. Para ser representante se necesita:
1. Tener la edad de veintitrés años;
2. Haber sido cinco ciudadano, bien sea del estado seglar o eclesiástico; y
3. Hallarse en actual ejercicio de sus derechos.
En los naturalizados se requiere además un año de residencia no interrumpida e inmediata a la elección, si no es que hayan estado ausentes en servicio de la República.

Artículo 71. Los empleados del Gobierno de la Federación no podrán ser representantes.

Artículo 72. La Cámara de Representantes elegirá entre sus individuos un Presidente, un Vicepresidente y los Secretarios que en su reglamento designe.

Sección 3. De la organización del Senado

Artículo 73. El Senado se compone de los senadores electos por la legislatura de los Estados, con arreglo al **Artículo 43.**

Artículo 74. Los suplentes concurrirán en caso de muerte o imposibilidad de los propietarios.

Artículo 75. El Senado se renovará anualmente por cuartas partes, eligiendo las legislaturas un senador cada año.

Artículo 76. El Senado actual se renovará en su totalidad, haciendo antes la calificación de los nuevamente electos. La suerte designará los que deban renovarse en cada estado el primero, segundo y tercer año.

Artículo 77. Uno solo de los senadores de cada Estado podrá ser eclesiástico y no podrá ser electo ningún empleado del Gobierno federal.

Artículo 78. Los senadores podrán ser siempre reelegidos.

Artículo 79. En caso necesario cualquier número de senadores de los posesionados o nuevamente nombrados tendrán la misma facultad que se da a los representantes en el **Artículo 69.**

Artículo 80. Para ser senador se requiere:
1. Naturaleza en la República;
2. Tener treinta años cumplidos;
3. Haber sido siete ciudadano;
4. Estar en actual ejercicio de sus derechos; y

5. Poseer un capital libre de tres mil pesos o tener alguna renta u oficio que produzca trescientos pesos anuales.

Artículo 81. Presidirá el Senado el Vicepresidente de la República mas no tendrá voto sino en caso de empate. En falta del Vicepresidente nombrará el Senado entre sus miembros al que le haya de sustituir. También nombrará de su seno al secretario, o secretarios que su reglamento establezca.

Sección 4. De las facultades comunes a las dos Cámaras

Artículo 82. Corresponde a cada una de las Cámaras sin intervención de la otra:
1. Calificar la elección de sus miembros respectivos.
2. Llamar a los suplentes en los casos que designan los **Artículos** 67 y 74.
3. Admitir con dos terceras partes de votos las renuncias que con causas graves hagan de sus destinos sus miembros respectivos.
4. Arreglar el orden de sus sesiones y debates.
5. Exigir la responsabilidad a sus miembros respectivos y determinar por su reglamento interior el modo en que deben ser juzgados en toda clase de delitos.

Sección 5. De las atribuciones del Poder Legislativo

Artículo 83. Corresponde al Poder Legislativo:
1. Dictar las leyes conducentes a conservar en los Estados las formas republicanas de un Gobierno popular representativo con división de poderes, y anular toda disposición que las altere o contraríe.

2. Levantar y sostener el ejército y armada nacional.

3. Formar la ordenanza general de una y otra fuerza.

4. Autorizar al Poder Ejecutivo para emplear la milicia de los Estados cuando lo exija la ejecución de la ley o sea necesario contener insurrecciones o repeler invasiones.

5. Conceder al Poder Ejecutivo facultades extraordinarias expresamente detalladas y por un tiempo limitado, en caso de guerra contra la independencia nacional.

6. Fijar los gastos de la administración general.

7. Decretar y designar rentas generales para cubrirlos, y no siendo bastantes, señalar el cupo correspondiente a cada Estado según su población y riqueza.

8. Arreglar la administración de las rentas generales; velar sobre su inversión y tomar cuentas de ella al Poder Ejecutivo.

9. Decretar en caso extraordinario pedidos, préstamos e impuestos extraordinarios.

10. Calificar y reconocer la deuda nacional.

11. Destinar los fondos necesarios para su amortización y réditos.

12. Contraer deudas sobre el crédito nacional.

13. Suministrar empréstitos a otras naciones.

14. Dirigir la educación, estableciendo los principios generales más conformes al sistema popular y al progreso de las artes útiles y de las ciencias, y asegurar a los inventores, por el tiempo que se considere justo, el derecho exclusivo en sus descubrimientos.

15. Arreglar y proteger el derecho de petición.

16. Declarar la guerra y hacer la paz con presencia de los informes y preliminares que le comunique el Poder Ejecutivo.

17. Ratificar los tratados y negociaciones que haya ajustado el Poder Ejecutivo.

18. Conceder o negar el pase a las bulas y rescritos pontificios que se versen sobre asuntos generales.

19. Conceder o negar la introducción de tropas extranjeras en la República.

20. Arreglar el comercio con las naciones extranjeras y entre los Estados de la Federación, y hacer leyes uniformes sobre las bancarrotas.

21. Habilitar puertos y establecer aduanas marítimas.

22. Determinar el valor, ley, tipo y peso de la moneda nacional, y disponer su acuñación; fijar el precio de la extranjera, uniformar las pesas y medidas y decretar penas contra los falsificadores.

23. Abrir los grandes caminos y canales de comunicación, y restablecer y dirigir postas y correos generales de la República.

24. Formar la ordenanza del corso: dar leyes sobre el modo de juzgar la piratería, y decretar las penas contra este y otros atentados cometidos en alta mar con infracción del derecho de gentes.

25. Conceder amnistía o indultos generales en el caso que designa el **Artículo** 116.

26. Crear Tribunales inferiores que conozcan en asuntos propios de la Federación.

27. Admitir por dos terceras partes de votos las renuncias que con causas graves hagan de sus oficios el Presidente y Vicepresidente de la República.

28. Señalar los sueldos de los miembros de ambas Cámaras, del Presidente y Vicepresidente de la República, de los individuos de la Suprema Corte de Justicia, de todos los demás agentes y empleados de la Federación.

29. Velar especialmente sobre la observancia de los **Artículos** comprendidos en los Títulos X y XI de esta Constitución,

y anular toda disposición legislativa que los contraríe y los efectos que haya producido.

30. Conceder permiso para obtener de otra nación pensiones, distintivos o Títulos personales, siendo compatibles con el sistema de Gobierno de la República.

31. Intervenir en las contratas de colonizaciones que se hagan en el territorio de la República.

32. Arreglar el comercio y procurar la civilización de las tribus indígenas que aún no están comprendidos en la sociedad de la República.

33. Conceder premios honoríficos compatibles con el sistema de Gobierno de la nación.

34. Resolver sobre la formación y admisión de nuevos Estados.

35. Dar reglas para la concesión de cartas de naturaleza.

36. Proteger la libertad establecida en el **Artículo 11** y cuidar de que el culto público se mantenga en armonía con las leyes.

37. Emitir todas las leyes y órdenes que conduzcan a la ejecución de las atribuciones anteriores, y el uso de las demás facultades que esta Constitución confiere a los Poderes nacionales en todos sus ramos.

Artículo 84. Cuando las Cámaras fueren convocadas extraordinariamente, solo tratarán de aquellos asuntos que hubieren dado motivo a la convocatoria.

Sección 6. De las facultades exclusivas de la Cámara de Representantes

Artículo 85. Solo a la Cámara de Representantes corresponde:

1. Elegir al Presidente de la República, según las bases dadas en los **Artículos** 44, 45 y 46, cuando no haya resultado electo popularmente.

2. Nombrar el Senador que ha de ejercer el Ejecutivo a falta del Presidente y Vicepresidente de la República.

3. Nombrar a los magistrados y fiscal de la Corte Suprema de Justicia y admitir sus renuncias fundadas en causas graves bastantemente comprobadas.

4. Declarar cuándo ha lugar a la formación de causa contra el Presidente de la República, Vicepresidente o Senador, si han hechos sus veces, y magistrados de la Suprema Corte en los casos que expresan los **Artículos** 148 y 149.

5. Iniciar las leyes de contribuciones o impuestos y de admisión o creación de nuevos Estados.

Sección 7. De las facultades exclusivas de la Cámara
del Senado

Artículo 86. Únicamente a la Cámara del Senado corresponde:

1. Elegir al Vicepresidente de la República cuando no haya sido electo popularmente, sobre las bases y reglas establecidas en el **Artículo** 47.

2. Confirmar los nombramientos que haga el Poder Ejecutivo para ministros, diplomáticos y cónsules, comandantes de armas de la Federación, ministros de la Tesorería General y jefes de las rentas generales.

3. Declarar cuándo ha lugar a la formación de causa contra los ministros diplomáticos y cónsules en todo género de delitos; y contra los secretarios del despacho, el comandante de armas de la Federación, los ministros de la Tesorería General y los jefes de las rentas generales por delitos cometidos

en el ejercicio de sus funciones, quedando sujetos en todos los demás a los Tribunales comunes.

4. Juzgar, constituyéndose en Tribunal de Justicia, a los individuos a quienes la Cámara de Representantes, en uso de su atribución 4, **Artículo 85**, haya declarado haber lugar a la formación de causa.

5. Rever las sentencias de que habla el **Artículo 142**.

Título V. De la formación y promulgación de la Ley

Sección 1. De la formación de la Ley

Artículo 87. Todo proyecto de ley u orden puede tener origen en cualquiera de las Cámaras; mas solo la de representantes podrá iniciar las de contribuciones o impuestos, admisión o creación de nuevos Estados.

Artículo 88. Los representantes y senadores en su respectiva Cámara, y los secretarios del despacho a nombre del Gobierno en cualquiera de ellas, tienen facultad de proponer los proyectos de ley u orden que juzguen convenientes; pero los senadores y los secretarios del despacho no podrán presentar proyectos o hacer proposición sobre contribuciones o impuestos de ninguna clase.

Artículo 89. Presentado el proyecto por escrito, debe leerse dos veces en días diferentes antes de resolverse si se admite o no a discusión.

Artículo 90. Admitido, deberá pasarse a una Comisión, que lo examinará detenidamente y no podrá presentarlo sino después de tres días. El informe que diere tendrá también dos lecturas en días diversos, y señalado el de su discusión con el intervalo a lo menos de otros tres días, no podrá diferirse más tiempo sin acuerdo de la Cámara en que se trate.

Artículo 91. Discutido y aprobado un proyecto en una Cámara, se pasará a la otra para que, examinándolo en la propia forma, lo apruebe o deseche. Si se aprueba, se pasará al Poder Ejecutivo para que, si no tuviese objeciones que hacerle, lo publique como ley.

Artículo 92. Si el Ejecutivo le encontrase inconvenientes u objeciones, podrá devolverlo dentro de diez días a la Cámara de su origen, puntualizando las razones en que funde su opinión.

Artículo 93. Reconsiderado el proyecto en esta última Cámara, se podrá ratificar por dos tercios de votos; en este caso pasará a la otra Cámara, que tomándolo de nuevo en consideración, lo podrá también ratificar con los mismos dos tercios, pasándolo al Ejecutivo para que lo publique como ley.

Artículo 94. Si un proyecto no fuese admitido a discusión o si en cualquiera de los trámites anteriores fuese reprobado o negada su ratificación por alguna de los Cámaras, no tendrá efecto alguno ni podrá volver a tratarse en ellas sino hasta el año siguiente.

Artículo 95. Cuando reconsideren las Cámaras un proyecto devuelto por el Ejecutivo, sus votaciones para ratificarlo serán nominales.

Artículo 96. La ley sobre formación o admisión de nuevos Estados se hará según lo prevenido en el Título XIII.

Artículo 97. Todo proyecto de ley u orden aprobado en la Cámara de su origen se extenderá por triplicado; se publicará en ella; y firmados los tres ejemplares por su presidente y secretarios, se pasarán a la otra Cámara. Si también ésta lo aprobase, le pondrá la fórmula siguiente: «Al Poder Ejecutivo». Si no lo aprobare, usará de esta otra: «Vuelva a la Cámara de (aquí el nombre de la que fuere)».

Artículo 98. Devuelto un proyecto de ley u orden por el Ejecutivo y ratificado por la Cámara de su origen, usará ésta de la fórmula siguiente: «Pase a la Cámara de (aquí el nombre)». Si también ésta lo ratificase pondrá la que sigue: «Ratificado por el Congreso, pase al Ejecutivo». Si no lo ratificare, esta otra: «Vuelva a la Cámara de (aquí el nombre) por no haber obtenido la ratificación constitucional».

Sección 2. De la promulgación de la Ley

Artículo 99. Recibida por el Ejecutivo una resolución emitida o ratificada por las Cámaras en los casos que expresan los **Artículos** 91 y 93, deberá, bajo la más estricta responsabilidad, ordenar su cumplimiento; disponer lo necesario a su ejecución; publicarla y circularla entre quince días; pidiendo prórroga a las Cámaras si en algún caso fuese necesario.

Artículo 100. La promulgación se hará en esta forma: «Por cuanto el Congreso de la República ha decretado lo siguiente (aquí el texto literal y firmas). Por tanto, ejecútese».

Título VI

Sección 1. Del Poder Ejecutivo

Artículo 101. El Poder Ejecutivo se ejercerá por un Presidente nombrado por el pueblo de todos los Estados de la Federación.

Artículo 102. En su falta hará sus veces un Vicepresidente nombrado igualmente por el pueblo.

Artículo 103. Para las faltas de uno y otro la Cámara de Representantes, en sus primeras sesiones anuales, nombrará un senador de las calidades que se requieren para Presidente de la república. Si el impedimento no fuere temporal y faltare más de un año para la renovación periódica, las Cámaras dispondrán se proceda a nueva elección, la que deberá hacerse desde las juntas populares hasta su complemento.

Artículo 104. Cuando la falta de que habla el **Artículo** anterior ocurra no hallándose reunidas las Cámaras, se convocarán extraordinariamente por el senador que ejerza el ejecutivo.

Artículo 105. Para ser Presidente y Vicepresidente se requiere:
   1. Naturaleza en la República;
   2. Tener treinta años cumplidos,
   3. Haber sido siete ciudadano;
   4. Ser del estado seglar;

5. Hallarse en actual ejercicio de sus derechos; y

6. Poseer un capital libre de cuatro mil pesos, o tener alguna renta u oficio que produzca cuatrocientos pesos anuales.

Artículo 106. La duración de Presidente y Vicepresidente será por cuatro años y podrán ser reelegidos una vez sin intervalo alguno.

Artículo 107. El Presidente y Vicepresidente de la República no podrán funcionar un día más de los cuatro años que fija el **Artículo** anterior. El que se elija por sus faltas, solo durará el tiempo necesario para completar este período que comienza y concluye el primero de abril del año de la renovación.

Artículo 108. El Presidente no podrá recibir de ningún estado, autoridad o persona particular emolumentos o dádivas de ninguna especie; ni sus sueldos serán alterados durante su encargo.

Sección 2. De las atribuciones del Poder Ejecutivo

Artículo 109. El poder ejecutivo publicará la ley; cuidará de su observancia y del orden público.

Artículo 110. Propondrá a las Cámaras las aclaraciones y reformas que a su juicio necesiten las leyes para su inteligencia y ejecución.

Artículo 111. Entablará, consultando al senado, las negociaciones y tratados con las potencias extranjeras; le consultará asimismo sobre los negocios que provengan de estas relaciones; pero en ninguno de los dos casos está obligado a conformarse con su dictamen.

Artículo 112. Podrá consultar al senado en los negocios graves del gobierno interior de la República, y en los casos de guerra a insurrección.

Artículo 113. Nombrará los ministros diplomáticos y cónsules, el comandante de las armas de la Federación, los ministros de la Tesorería General y los jefes de las rentas generales, poniendo estos nombramientos en noticia del Senado para su confirmación. Llenará las vacantes que ocurran en estos destinos durante el receso del Senado, y reunido solicitará su aprobación.

Artículo 114. Sin intervención del Senado nombrará los secretarios del despacho y oficiales del ejército, los subalternos de unos y otros y los correspondientes a los empleados expresados en el **Artículo** anterior.

Artículo 115. Nombrará, a propuesta en terna de la Suprema Corte de Justicia, los jueces que deben componer los tribunales inferiores de que habla el **Artículo** 83, número 26.

Artículo 116. Cuando por algún grave acontecimiento peligre la salud de la patria y convenga usar de amnistía o indulto, lo propondrá a las cámaras.

Artículo 117. Dirigirá toda la fuerza armada de la Federación; podrá reunir la cívica y la milicia de los estados, y mandar en persona el ejército, con aprobación de las cámaras estando reunidas; y cuando no lo estén, dándoles cuenta en su primera reunión, en cuyo caso recaerá el gobierno en el Vicepresidente. Si por falta del Presidente tomase el mando del ejército el Vicepresidente, ejercerá, entre tanto, el Poder Ejecutivo el senador nombrado por la Cámara de Representantes.

Artículo 118. Podrá usar de la fuerza para repeler invasiones o contener insurrecciones, dando cuenta a las cámaras en su primera reunión.

Artículo 119. Convocará extraordinariamente a las cámaras cuando la República se halle amenazada de invasión o cuando el orden público se encuentre trastornado en parte considerable de ella, y pueda seguírsele grande detrimento, o en cualquier otro caso extraordinario en que, para precaver un grave daño, juzgue necesaria su reunión. Llamará, en tal caso, a los suplentes de los representantes y senadores que hubieren fallecido durante el receso.

Artículo 120. Podrá separar libremente y sin necesidad de instrucción de causa, a los secretarios del despacho, trasladar con arreglo a las leyes, a todos los funcionarios del Poder Ejecutivo o Federal, suspenderlos por seis meses y removerlos con pruebas justificativas de ineptitud, desobediencia o malversación.

Artículo 121. Presentará, por medio de los secretarios del despacho, a cada una de las cámaras al abrir sus sesiones, un detalle circunstanciado del estado de todos los ramos de la administración pública y del ejército y marina, con los proyectos que juzgue más oportunos para su conservación o mejora; y una cuenta exacta de los gastos hechos con el presupuesto de los venideros y medios para cubrirlos.

Artículo 122. Dará a las cámaras los informes que le pidieren; y cuando sean sobre asuntos de reserva, lo expondrá así para que le dispensen de su manifestación, o se la exijan si el caso lo requiere. Mas no estará obligado a manifestar los planes de guerra, ni las negociaciones de alta política pendientes con las potencias extranjeras.

Artículo 123. En caso de que los informes sean necesarios para exigir la responsabilidad al Presidente, no podrán rehusarse por ningún motivo, ni reservarse los documentos después que se le haya declarado haber lugar a formación de causa por la cámara de representantes.

Artículo 124. Expedirá los reglamentos y órdenes que estime convenientes para facilitar y asegurar la ejecución de las leyes.

Artículo 125. Podrá devolver a las cámaras dentro de diez días los proyectos de ley u orden que le pasen aprobados, si a su juicio, tuviere inconvenientes su ejecución, o fuesen perjudiciales, puntualizando las razones en que funde su opinión.

Artículo 126. En casos de guerra podrá conceder patentes de corzo y letras de represalia.

Artículo 127. Cuidará de la administración de las rentas federales y de su legal inversión.

Artículo 128. Concederá o negará el pase a las bulas y breves pontificios cuando traten de asuntos particulares, y si se versaren sobre asuntos generales, dará cuenta con ellos a las cámaras.

Artículo 129. Le corresponde igualmente recibir a los ministros extranjeros y admitir cónsules.

Artículo 130. Podrá conceder cartas de naturaleza a los que tengan los requisitos de la ley.

Artículo 131. No podrá el Presidente, sin licencia de las cámaras, separarse del lugar en que éstas residan; ni salir del territorio de la república hasta seis meses después de concluido su encargo.

Artículo 132. Cuando el presidente sea informado de alguna conspiración o traición a la República y de que la amenaza un próximo riesgo, podrá dar órdenes de arresto e interrogar a los que se presuman reos; pero en el término de tres días los pondrá precisamente a disposición del juez respectivo.

Artículo 133. Comunicará a los ejecutivos de los estados las leyes y disposiciones generales, y les prevendrá lo conveniente en todo cuanto concierne al servicio de la Federación y no estuviere encargado a sus agentes particulares.

Sección 3. De los Secretarios del Despacho

Artículo 134. Las cámaras a propuesta del Poder Ejecutivo, designarán el número de secretarios del despacho; organizarán las secretarías y fijarán los negocios que a cada una corresponden.

Artículo 135. Para ser secretario del despacho se necesita ser:
1. Americano de origen;
2. Ciudadano en el ejercicio de sus derechos; y
3. Mayor de veinticinco años.

Artículo 136. Las órdenes del Poder Ejecutivo se expedirán por medio del secretario del ramo a que correspondan; y las que de otra suerte se expidieren no deben ser obedecidas.

Título VII. De la Suprema Corte de Justicia y de sus atribuciones

Sección 1. De la Suprema Corte de Justicia

Artículo 137. Habrá una Suprema Corte de Justicia que según disponga la ley, se compondrá de cinco a siete individuos; serán nombrados por la Cámara de Representantes; se renovarán por tercios cada dos años, y podrán siempre ser reelegidos. El período de los magistrados y fiscales comienza y concluye el primero de abril del año de su renovación y podrán prorrogarse hasta tres meses más, si no se presentaren los nuevamente electos.

Artículo 138. Para ser individuo de la Suprema Corte se requiere ser:
1. Americano de origen con siete años de residencia no interrumpida e inmediata a la elección;
2. Ciudadano en el ejercicio de sus derechos;

3. Del estado seglar; y
4. Mayor de treinta años.

Artículo 139. En falta de algún individuo de la Suprema Corte hará sus veces uno de tres suplentes, que tendrán las mismas calidades, y serán también nombrados por la Cámara de Representantes.

Artículo 140. La Suprema Corte designará, en su caso, el suplente que deba concurrir.

Sección 2. De las atribuciones de la Suprema Corte
de Justicia

Artículo 141. Conocerá, en última instancia con las limitaciones que hiciere el Congreso en los casos emanados de la Constitución, de las leyes generales de los tratados hechos por la República, de jurisdicción marítima y de competencia sobre jurisdicción en controversias de ciudadanos o habitantes de diferentes estados.

Artículo 142. En los casos de contienda en que sea parte toda la República, dos o más estados, con alguno o algunos otros, o con extranjeros o habitantes de la República; la Corte Suprema de Justicia hará nombren árbitros para la primera instancia; conocerá en la segunda; y la sentencia que diere será llevada en revista al Senado, caso de no conformarse las partes con el primero y segundo juicio, y de haber lugar a ella según la ley.

Artículo 143. Conocerá originariamente con arreglo a las leyes en las causas civiles de los ministros diplomáticos y cónsules y en las criminales de todos los funcionarios, en que declara el Senado, según el **Artículo 86**, facultad 3, haber lugar a formación de causa.

Artículo 144. Propondrá ternas al Poder Ejecutivo para que nombre los jueces que deben componer los tribunales de que habla el **Artículo 83**, número 26.

Artículo 145. Velará sobre la conducta de los jueces inferiores de la Federación y cuidará de que administren pronta y cumplidamente la justicia.

Título VIII. De la responsabilidad y modo de proceder en las causas de las Supremas Autoridades Federales

Sección única

Artículo 146. Los funcionarios de la Federación, antes de posesionarse de sus destinos, prestarán juramento de ser fieles a la República, y de sostener con toda su autoridad la Constitución y las leyes.

Artículo 147. Todo funcionario que ha lugar a la formación de causa contra los representantes y senadores por: traición, venalidad, falta grave en el desempeño de sus funciones y delitos comunes que merezcan pena más que correccional.

Artículo 148. Deberá declararse que ha lugar a la formación de causa contra los representantes y senadores por traición, venalidad, falta grave en el desempeño de sus funciones y delitos comunes que merezcan pena más que correccional.

Artículo 149. En todos estos casos, y en los de infracción de ley, y usurpación de poder habrá, igualmente, lugar a formación de causa contra el Presidente y Vicepresidente de la república, individuos de la Suprema Corte de Justicia y secretarios del despacho.

Artículo 150. Todo acusado queda suspenso en el acto de declararse que ha lugar a la formación de causa; depuesto siempre que resulte reo; e inhabilitado para todo cargo público, si la causa diere mérito según la ley. En lo demás a que hubiere lugar se sujetarán al orden y tribunales comunes.

Artículo 151. Los delitos mencionados producen acción popular, y las acusaciones de cualquier ciudadano o habitante de la república deben ser atendidas. La acusación se tratará en sesión secreta; pero declarado que ha lugar a la formación de causa, serán públicos los demás actos del juicio. La ley reglamentará el derecho de acusación y designará la pena del calumniador.

Título IX. Disposiciones generales

Sección única

Artículo 152. Solo por los medios constitucionales se asciende al poder supremo de la República y de los estados. Si alguno usurpare el Poder Legislativo o Ejecutivo, por medio de la fuerza o de alguna sedición popular, por el mismo hecho pierde los derechos de ciudadano sin poder ser rehabilitado. Todo lo que obrare será nulo, y las cosas volverán al estado en que se hallaban antes de la usurpación, luego que se restablezca el orden.

Artículo 153. En el caso del **Artículo** anterior, las autoridades de un estado, violentamente constituidas, serán desconocidas por las autoridades federales, y por los demás estados de la unión, todos los cuales procederán, desde luego, a restablecer en dicho estado el orden constitucional.

Artículo 154. Es nula de derecho toda resolución, acuerdo o decreto de los poderes nacionales y de los estados en que interviniere coacción ocasionada por la fuerza pública o por el pueblo en tumulto.

Artículo 155. La soberanía reside únicamente en la nación; el derecho de insurrección solo compete al pueblo todo de la República, y no a alguna o algunas de sus partes.

Artículo 156. Ninguno debe usurpar el nombre de pueblo soberano usando del derecho de petición, ni arrogarse este título empleando la fuerza, ya sea para resistir el cumplimiento de las leyes o para innovar lo que ellas establecen.

Título X. Garantías de la Libertad Individual

Sección única

Artículo 157. No podrá imponerse pena de muerte sino en los delitos que atenten directamente contra el orden público y en el de asesinato u homicidio premeditado o seguro.

Artículo 158. Todos los ciudadanos y habitantes de la República, sin distinción alguna, estarán sometidos al mismo orden de procedimientos y de juicios que determinen las leyes.

Artículo 159. Las Legislaturas, tan luego como sea posible, establecerán el sistema de jurados.

Artículo 160. Nadie puede ser preso sino en virtud de orden escrita de autoridad competente para darla.

Artículo 161. No podrá librarse esta orden sin que proceda justificación de que se ha cometido un delito que merezca pena más que correccional, y sin que resulte al menos, por el dicho de un testigo quién es el delincuente.

Artículo 162. Pueden ser detenidos:
1. El delincuente cuya fuga se tema con fundamento;
2. El que sea encontrado en el acto de delinquir; y en este caso todos pueden aprehenderle para llevarle al juez.

Artículo 163. La detención de que habla el **Artículo** anterior no podrá durar más de cuarenta y ocho horas, y durante este término deberá la autoridad que la haya ordenado, practicar lo prevenido en el **Artículo 161**, y librar por escrito la orden de prisión o poner en libertad al detenido.

Artículo 164. El alcaide no puede recibir ni detener en la cárcel a ninguna persona, sin transcribir en su registro de presos o detenidos la orden de prisión o detención.

Artículo 165. Todo preso debe ser interrogado dentro de cuarenta y ocho horas; y el juez está obligado a decretar la libertad o permanencia en la prisión dentro de las veinticuatro siguientes, según el mérito de lo actuado.

Artículo 166. Puede, sin embargo, imponerse arresto por pena correccional, previas las formalidades que establezca el código de cada estado.

Artículo 167. El arresto por pena correccional no puede pasar de un mes.

Artículo 168. Las personas aprehendidas por la autoridad, no podrán ser llevadas a otros lugares de prisión, detención, o arresto, que a los que estén legal y públicamente destinados al efecto.

Artículo 169. Cuando algún reo no estuviere incomunicado por orden del juez, transcrita en el registro del alcaide, no podrá éste impedir su comunicación con persona alguna.

Artículo 170. Todo el que no estando autorizado por la ley expidiere, firmare, ejecutare o hiciere ejecutar la prisión detención o arresto de alguna persona; todo el que en caso de prisión, detención o arresto autorizado por la ley, condujere, recibiere, o retuviere al reo en lugar que no sea de los señalados pública y legalmente; y todo alcaide que contraviniere a las disposiciones precedentes, es reo de detención arbitraria.

Artículo 171. No podrá ser llevado ni detenido en la cárcel el que diere fianza en los casos en que la ley expresamente no lo prohíba.

Artículo 172. Las legislaturas dispondrán que haya visitas de cárceles para toda clase de presos, detenidos o arrestados.

Artículo 173. Ninguna casa puede ser registrada sino por mandato escrito de autoridad competente, dado en virtud de dos disposiciones formales que presten motivo al allanamiento, el cual deberá efectuarse de día. También podrá registrarse a toda hora por un agente de la autoridad pública:
1. En persecución actual de un delincuente.
2. Por un desorden escandaloso que exija pronto remedio.
3. Por reclamación hecha del interior de la casa.
Mas hecho el registro se comprobará con dos deposiciones que se hizo por alguno de los motivos indicados.

Artículo 174. Solo en los delitos de traición se pueden ocupar los papeles de los habitantes de la República; y únicamente podrá practicarse su examen cuando sea indispensable para la averiguación de la verdad, y a presencia del interesado, devolviéndosele en el acto cuantos no tengan relación con lo que se indaga.

Artículo 175. Es inviolable el secreto de las cartas, y las que se sustraigan de las oficinas de correos o de sus conductores no producen efecto legal ni pueden presentarse en testimonio contra ninguno.

Artículo 176. La policía de seguridad no podrá ser confiada sino a las autoridades civiles en la forma que la ley determine.

Artículo 177. Ningún juicio civil o sobre injurias podrá entablarse sin hacer constar que se ha intentado antes el medio de conciliación.

Artículo 178. La facultad de nombrar árbitros en cualquier estado del pleito es inherente a toda persona; la sentencia que los árbitros dieren es inapelable, si las partes comprometidas no se reservaren este derecho.

Artículo 179. Unos mismos jueces no pueden serlo en dos diversas instancias.

Artículo 180. Ninguna ley del Congreso ni de las Legislaturas de los Estados pueden contrariar las garantías contenidas en este Título; pero sí ampliarlas y dar otras nuevas.

Título XI. Limitación del Poder Público

Sección única

Artículo 181. No podrán el Congreso, las Legislaturas de los estados, ni las demás autoridades:

1. Coartar, en ningún caso ni por pretexto alguno, la libertad del pensamiento, la de la palabra, la de la escritura y la de la imprenta.

2. Suspender el derecho de peticiones de palabra o por escrito.

3. Prohibir a los ciudadanos o habitantes de la República libres de responsabilidad, la emigración a país extranjero.

4. Tomar la propiedad de ninguna persona, ni turbarle en el libre uso de sus bienes, si no es en favor del público, cuando lo exija una grave urgencia legalmente comprobada, y garantizándose la justa indemnización.

5. Establecer vinculaciones; dar títulos de nobleza; ni pensiones, condecoraciones o distintivos, que sean hereditarios; ni consentir sean admitidos por ciudadanos de Centroamérica los que otras naciones pudieran concederles.

6. Permitir el uso del tormento y apremios, imponer confiscaciones, de bienes, azotes y penas crueles.

7. Conceder por tiempo ilimitado privilegios exclusivos a compañías de comercio o corporaciones industriales.

8. Dar leyes de proscripción, retroactivas y ni que hagan trascendental la infamia.

Artículo 182. No podrán, sino en caso de tumulto, rebelión o ataque con fuerza armada a las autoridades constituidas:

1. Desarmar a ninguna población ni despojar a persona alguna de cualquier clase de armas que tenga en su casa, o de las que lleve lícitamente.

2. Impedir las reuniones populares que tengan por objeto un placer honesto o discutir sobre política, y examinar la conducta pública de los funcionarios.

3. Dispensar las formalidades sagradas de la ley para allanar la casa de algún ciudadano o habitante, registrar su correspondencia privada, reducirlo a prisión, o detenerlo.

4. Formar comisiones o tribunales especiales para conocer en determinados delitos o para alguna clase de ciudadanos o habitantes.

Título XII. Disposiciones generales sobre los Estados

Sección 1. Facultad de los Estados

Artículo 183. Los estados podrán constituirse como tengan por conveniente, pero de manera que sus instituciones guarden armonía con las de la nación.

Sección 2. Deberes de los Estados

Artículo 184. Los estados deben entregarse mutuamente los reos que se reclamaren.

Artículo 185. Los actos legales y jurídicos de un estado serán reconocidos en todos los demás.

Artículo 186. En caso de que alguna autoridad constituida de un estado reclame que la Legislatura de otro estado ha traspasado en daño suyo los límites constitucionales, las cámaras, reunidas en asamblea general, tomarán los informes convenientes, y decidirán lo que les parezca arreglado.

Artículo 187. Los estados no podrán, sin consentimiento del Congreso:
1. Imponer contribuciones de entrada y salida en el comercio con los extranjeros ni en el de los estados entre sí.
2. Crear fuerza de línea o permanente.

Artículo 188. Pueden ser elegidos para individuos de los poderes nacionales o de cada uno de los estados; los ciudadanos hábiles de los otros; pero no son obligados a admitir estos oficios.

Artículo 189. Esta Constitución y las leyes federales que se hagan en virtud de ella; y todos los tratados, hechos que se hicieren bajo la autoridad federal, serán la suprema ley de la República, y los jueces, en cada uno de los estados, están obligados a determinar por ellas, no obstante cualesquiera leyes, decretos órdenes que haya en contrario en cualquiera de los estados.

Título XIII. De la formación y admisión de nuevos Estados

Sección única

Artículo 190. Podrán formarse en lo sucesivo nuevos estados y admitirse en la Federación.

Artículo 191. No podrá formarse nuevo estado en el interior de otro estado. Tampoco podrá formarse por la unión de dos o más estados o partes de ellas, si no estuviere en contacto, y sin el consentimiento de las Legislaturas respectivas.

Artículo 192. Todo proyecto de ley sobre formación de nuevo estado debe ser propuesto a la Cámara de Representantes por la mayoría de los diputados de los pueblos que han de formarlo, y apoyado en los precisos datos de tener una población de cien mil o más habitantes, y de que el estado de que se separa queda con igual población y en capacidad de subsistir.

Título XIV. De las reformas de esta Constitución

Sección única

Artículo 193. Para poder discutir un proyecto en que se reforme o adicione esta Constitución, debe presentarse firmado, al menos, por seis diputados en la Cámara de Representantes que exclusivamente puede acordarlos o ser propuesto por alguna Legislatura de los estados.

Artículo 194. Los proyectos que se presenten en esta forma, si no fueren admitidos a discusión, no podrán volver a proponerse sino hasta el año siguiente.

Artículo 195. Los que fueren admitidos a discusión, puestos en estado de votarse, necesitan para ser acordados las dos terceras partes de votos.

Artículo 196. Acordada la reforma o adición debe, para ser válida y tenida por constitucional, aceptarse por la mayoría absoluta de los estados con las dos terceras partes de la votación de sus Legislaturas.

Artículo 197. Cuando la reforma o adición se versare sobre algún punto que altere en lo esencial la forma de gobierno adoptada, la Cámara de Representantes, después de la aceptación de los estados, convocará una Asamblea Nacional Constituyente para que definitivamente resuelva.

Artículo 198. Aceptada por la mayoría de los estados la presente reforma, será la única constitutiva de la República; el Congreso la mandará publicar solemnemente, quedando derogada la que decretó la Asamblea Nacional Constituyente en 22 de noviembre de 1824.

Pase a las Asambleas para que, en cumplimiento del **Artículo** 202 de la Constitución actual, la tomen en consideración y la devuelvan al Congreso.

Dada en San Salvador, a 13 de febrero de 1835.

Juan Barrundia, Diputado Presidente. José Antonio Jiménez, Presidente. Manuel Rodríguez. Nicolás Espinosa. Mariano Gálvez. Patricio Rivas. Nazario Toledo. José María Álvarez. Ramón García. Manuel María Figueroa. Bernardo Rueda. Silverio Rodríguez. José Antonio Alvarado. Felipe Herrera. Venancio Castellanos. Pablo Rodríguez. José María Guardado. Toribio Lara. Manuel Barberena. José León Taboada. Mariano Ramires. José Valido, Diputado Secretario. Luis Leiva, Diputado Secretario. Florentín Zúñiga, Diputado Secretario. Francisco Álvarez, Diputado Secretario.

Libros a la carta

A la carta es un servicio especializado para
empresas,
librerías,
bibliotecas,
editoriales
y centros de enseñanza;
y permite confeccionar libros que, por su formato y concepción, sirven a los propósitos más específicos de estas instituciones.

Las empresas nos encargan ediciones personalizadas para marketing editorial o para regalos institucionales. Y los interesados solicitan, a título personal, ediciones antiguas, o no disponibles en el mercado; y las acompañan con notas y comentarios críticos.

Las ediciones tienen como apoyo un libro de estilo con todo tipo de referencias sobre los criterios de tratamiento tipográfico aplicados a nuestros libros que puede ser consultado en Linkgua-ediciones.com.

Linkgua edita por encargo diferentes versiones de una misma obra con distintos tratamientos ortotipográficos (actualizaciones de carácter divulgativo de un clásico, o versiones estrictamente fieles a la edición original de referencia).

Este servicio de ediciones a la carta le permitirá, si usted se dedica a la enseñanza, tener una forma de hacer pública su interpretación de un texto y, sobre una versión digitalizada «base», usted podrá introducir interpretaciones del texto fuente. Es un tópico que los profesores denuncien en clase los desmanes de una edición, o vayan comentando errores de interpretación de un texto y esta es una solución útil a esa necesidad del mundo académico.

Asimismo publicamos de manera sistemática, en un mismo catálogo, tesis doctorales y actas de congresos académicos, que son distribuidas a través de nuestra Web.

El servicio de «libros a la carta» funciona de dos formas.

1. Tenemos un fondo de libros digitalizados que usted puede personalizar en tiradas de al menos cinco ejemplares. Estas personalizaciones pueden ser de todo tipo: añadir notas de clase para uso de un grupo de estudiantes, introducir logos corporativos para uso con fines de marketing empresarial, etc. etc.

2. Buscamos libros descatalogados de otras editoriales y los reeditamos en tiradas cortas a petición de un cliente.